〔第2版〕

三越のイノベーションとガバナンス

── 三井財閥と三越のインターフェイス ──

武居奈緒子　井形浩治　著

五　絃　舎

−

第2版の刊行によせて

『三越のイノベーションとガバナンス－三越と三井財閥のインターフェイス－』は，2021年12月に初版が刊行された。それ以降，同書が多くの人びとの目にとまり，広く世に普及できたことについて，我々執筆者は嬉しく感じる。「コロナ禍」も若干解消しつつある現今下で，なおも閉塞感・停滞感漂う日本企業・経済の状況において，本書が求めた「イノベーションとガバナンス」機能がその打開策になることを願っている。

半世紀を超える伝統ある実践経営学会において，本書初版は第54期（2021年度）同学会の学会賞に選定された。この場をお借りし，高く評価いただいた関係各位の先生方にも感謝申し上げたい。

第2版の刊行にあたり，日本経済史・日本経営史研究の中での三越・三井財閥に見られる「イノベーションとガバナンス」への注目は一貫して継続した。三越・三井財閥のマネジメントが教えてくれたことは，イノベーションを起こし，変化していくことの重要性，そしてその上で不祥事を未然に防止し再発させないガバナンスの必要性であった。これらのことは，企業そのものの健全な成長・発展を普遍的に導くということでもあった。

一方で，この間に我々は，査読付き論文「Matsuya's Innovative Behavior and Follow up Strategy of Mitsukoshi」（『実践経営』第60号，2023年刊行）を公刊した。これは，第66回実践経営学会全国大会での発表に基づき執筆したものである。同稿は，EBSCO Hostへも収録されることになり，日本経済史・日本経営史研究の世界への情報発信に挑むことにした。第2版の刊行に合わせ，同稿は第8章として新たに付け加えている。

本書『三越のイノベーションとガバナンス —— 三越と三井財閥のインターフェイス —— 』第2版がより世に広まり，日本企業・経済発展のブレークスルー

（breakthrough:突破口）の一助になることこそが，我々望外の喜びである。

　2023年盛夏

武居奈緒子　井形浩治

はじめに

　本書の目的は，三井財閥（もしくは，戦後の「三井グループ」）の中における三越（百貨店）に焦点を当て，そのイノベーションとガバナンスについて考察することである。

　2021年9月現在，日本経済は先行き不透明な状況にあり，コロナ禍の蔓延も加わり，その不確実性はより強まりつつある。一部を除くほとんどの業種で，「経営（ビジネス）の継続」は緊急の課題となっている。我々は，今般の現状打破のヒントは歴史の中にある，と見なす。歴史を知ることは，「温故知新」の諺からも，その視点・視野を大きく拡げる可能性がある。なぜなら，歴史は繰り返されるからである。

　近年，「イノベーション」と「ガバナンス」という2つのテーマは，経営学・マーケティング論のみならず，社会科学全般の諸領域において注目が集まっている。イノベーションがいくら画期的であったとしても，それは成果に結びつく場合と結びつかない場合とに分かれる。それは，どこに違いがあるのか。本書では，その分水嶺は「イノベーションとガバナンスのあり方」にあると考える。企業イノベーションは，企業それ自体の発祥時から，現在まで間段なく起こされてきた。それゆえ，イノベーションには一人もしくは一握りの個人の天（奇）才性等によって即時・即効的に実現・達成された事例がある。一方，それらは無名多数の人びとによって，長い歴史の文脈・経験の中で蓄積されたプロセスの結果として，生じる事例も数多い。三越のイノベーション諸事例には，その両方のケースが含まれている。

　また，イノベーション発生事例と同様に，ガバナンス構築事例も同様である。（コーポレート）ガバナンスは，1990年代から米・英で注目された新しいテーマとされるが，その根源的な探究は1600年当時の英・蘭の東インド会社発祥時

からの課題にまでさかのぼる。日本の近代企業システムの発祥・源流の一つには，本書で取り上げる三井越後屋が挙げられることに異論はないといえる。ビジネスにガバナンスの意義を見出し，マネジメントを行った先鞭的企業（グループ）の代表に三井財閥がある。三井財閥の前身は，1673（延宝元）年に三井高利により開業された三井越後屋である。その継承企業が300年以上現在まで継続している理由の一つには，「ビジネスにおいて常にガバナンス機能を付帯して捉えている」点にある，と我々は見なす。そのため，三越存続の主要因として「伝統」がいかに継続的に受け継がれ，「革新（＝イノベーション）」がいかに断続的に活かされてきたのか。これが，本書の最大の関心である。

　繰り返すが，1673（延宝元）年，三井高利により三井越後屋としたことが，三井財閥の出発点となっている。その後，図1に示されるように，呉服店ビジネスと両替商ビジネスの両方を有する大規模組織を形成していた。

　ところが，それまで主役の位置にあった呉服店の立場が一転するのが，1872

図1　江戸時代の三井の組織図

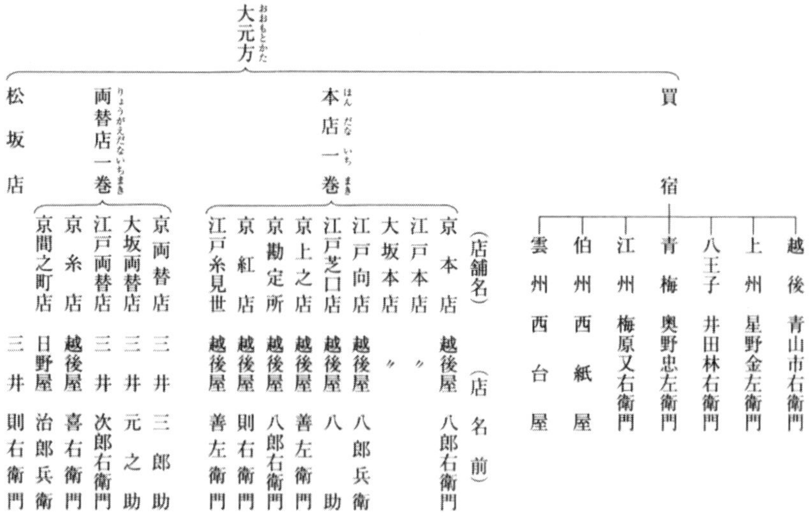

大元方（おおもとかた）

（店舗名）	（店名前）
本店	越後屋　八郎右衛門

松坂店

店舗	店名前
京間之町店	三井　則右衛門

両替店一巻（りょうがえだないちまき）

店舗	店名前
京糸店	日野屋　治郎兵衛
江戸両替店	越後屋　喜右衛門
大坂両替店	三井　次郎右衛門
京両替店	三井　元之助
	三井　三郎助

本店一巻（ほんだないち）

店舗	店名前
江戸糸見世	越後屋　善左衛門
京紅店	越後屋　則右衛門
京勘定所	越後屋　八郎右衛門
京上之店	越後屋　善左衛門
江戸芝口店	越後屋　八助
江戸向店	越後屋　八郎兵衛
大坂本店	越後屋　〃
江戸本店	越後屋　八郎右衛門
京本店	越後屋　八郎右衛門

買宿（かいやど）

越後	青山市右衛門
上州	星野金左衛門
八王子	井田林右衛門
青梅	奥野忠左衛門
江州	梅原又右衛門
伯州	西紙屋
雲州	西台屋

（出所）中井（1966），p.89を基に作成。
（出所）武居（2014），p.44。

（明治5）年の呉服店の分離である。その後，1893（明治26）年に元に戻されることになり三井財閥の構成員に復活することになるが，必ずしも呉服店がメインとはならなかった。財閥組織の中における主役の座は，三井合名会社，三井鉱山と三井物産であり，それらは自身のみならず，強力・強大な「日本の産業化＝国の国際的な経済的優位性」に大きく貢献していった。その観点を踏まえつつ，本書では三井財閥内では必ずしも主役にならなかった三越のマネジメントとその後の発展に焦点を当て，この側面を考察する。

　本書の特徴は次の3点である。

　第1に，三井財閥と三越の関係について，ガバナンスの視点から検討を行っていることである。財閥には次の3つのタイプがあると言われている（森川英正（1980），pp.32-33）（宮本・林（2009），p.87）。それが（a）資本家―支配者である家族の主人が家業の最高政策決定に関する実権を有する（b）資本家―支配者である家族は家業の経営に実質的に参与せず，最高政策決定の実権は専門経営者に委譲する（c）資本家―支配者である家族と専門経営者が最高政策決定に関する実権を事実上分有し，しかも両者の間の権限責任の区分が不分明である，という3分類である。詳細は第2章で考察するが，その中において本書が取り扱う三井は，第3の類型に該当する。

　三井財閥や三越の研究は多大なものがあるが，それを三井財閥ガバナンスにおける三越のマネジメントとして捉えることは，等閑に付されていた。本書では，これまでスポットライトのあまり当たらなかった三井財閥と三越の関係に着目して，三井財閥における三越が存在してきた意味や独立後の距離感について検討を加えていく。

　第2に，三井財閥や三越の経営陣におけるビジョンや戦略について考察することである。百貨店の成立期の研究蓄積は多大なものがあるが，人物を通して考察することも等閑に附されてきた。そこで本書では，三井財閥と三越に関わった経営者を中心とする諸人物に迫り，彼らがつくり上げた「イノベーションとガバナンス」を生み出したビジョンと戦略を検討していく。

　第3に，イノベーションと情報伝達に着目することがある。いくらイノベー

ションが画期的であったとしても，「事業としての成功」という成果に結びつく場合と結びつかない場合がある。この場合，イノベーション以外の要素も成果の決め手となっている。本書では，この点についても着目する。原則的にイノベーションは，多くの人びと，とりわけ「顧客」に情報伝達できなければ，「集客」につながらない。イノベーション内容をどのように情報伝達し顧客に理解してもらえるかは，「イノベーションとして完成する（普及させる）」までの重要なイノベーション機能の要素といえる。そこで，本書では，三越がデパートメントストア宣言というイノベーションを起こした後に，どのようにその内容を「情報伝達」し，顧客にその魅力ある点，優れた点・有益な点を知らしめたのか，についても検討したい。

　以上を踏まえ，本書の構成は，次の通りである。

　第1章では，本書のパースペクティブについて論じる。

　第2章では，三井財閥におけるマネジメントとガバナンスについて論じる。とりわけ，三井同族者と専門経営者における実際のガバナンス状況に着目する。

　第3章では，三井呉服店や百貨店の成立プロセスにおいて，2人の登場人物のビジョンや戦略について考察する。百貨店の成立期の研究蓄積は多大なものがあるが，三越のみに照準を合わせて時系列で考察した研究や，人物を通した考察研究はそれほど数多くなされてこなかった。そこで本章は，日比翁助，高橋義雄という2人の経営陣に注目することによって，三井呉服店から三越呉服店（百貨店）へ移行するプロセスを検討していく。

　第4章では，百貨店の戦略がどのように消費者に認識され，社会的に受け入れたのかについて考察する。具体的には，百貨店がどのようにしてそのブランド・イメージを定着させたのかについて，三越，松坂屋，高島屋の各百貨店を事例として取り上げて検討していく。

　第5章では，イノベーションを起こした後に，それを三越はどのように情報伝達したかについて考察する。すなわち，ここでは三越の「情報伝達」にスポットライトをあてる。イノベーションは，どのように顧客に受け入れられたのであろうか。イノベーションの内容が画期的であればあるほど，顧客がすんなり

と受け入れることは困難であると考えられる。そのような中において，イノベーションを起こした後に，その価値を短期間に顧客に周知してもらうために，三越自身がどのような企業努力を行ったのかについて検討する。

　第6章では，新聞広告がゲートウェイになっていることに注目する。百貨店というイノベーションの価値・魅力を，顧客に理解してもらうための「次なる展開」について論じる。

　第7章では，百貨店のガバナンスに着目し，その内容を検討した。三越は，前身の三井越後屋から，300年以上伝統的にガバナンス理念を受け継いできた。それは，イノベーションを起こし，その機能をマネジメントに浸透させていったことと同様に，ガバナンスという規律を永続化するマネジメントを備えていた。これは，2021年現在の三越伊勢丹百貨店の姿勢にも受け継がれている，と推察される。しかし，300年間，その機能効果には揺るぎが無かったとはいえない。その事例を本章で取り上げていきたい。

　この観点は，本書の斬新な取り組みの一つにしている。百貨店の研究は，「対消費者関係での百貨店化」が議論されており，百貨店のガバナンスについて取り上げたことも，本書の斬新な点としている。三越は，「環境変化への対応」「永続」といったガバナンス機能を含めたビジネス・システムを構築していったといえるのである。

　なお，第1章は共同執筆，武居奈緒子が第3章，第4章，第5章，第6章を，井形浩治が第2章，第7章を担当した。もちろん各章においてお互いの意見が反映されている。

　本書を出版するにあたり，我々は次のような，日本経営学会，実践経営学会での報告機会を得た。

日本経営学会第94回大会
　　　　　　　2021年9月「高島屋の経営戦略」
日本経営学会第95回大会
　　　　　　　2021年9月「三井呉服店のビジネス・イノベーション」

　　第75回実践経営学関西支部会

　　　　　2020年11月「百貨店の社会的受容プロセスについて」

　　第63回実践経営学会全国大会

　　　　　2021年3月「百貨店の社会的受容プロセス―イノベーション
　　　　　と百貨店ブランドの浸透―」

　　第76回実践経営学会関西支部会

　　　　　2021年6月「三越呉服店のマスメディア戦略」

　　第64回実践経営学会全国大会

　　　　　2021年9月「三越の販売促進戦略―イノベーションと情報
　　　　　伝達―」

　　座長，コメンテーターの先生方，フロアから御質問賜った先生方に感謝申し上げたい。

　　なお，第2章は井形浩治（2022）「三井財閥における経営者の役割」『大阪経大論集』第72巻第5号（近刊）を加筆したものである。第1章と第5章は，武居奈緒子・井形浩治（2021）「三越の販売促進戦略―イノベーションと情報伝達―」『実践経営学研究』第13号がベースとなっている。

　　史料提供については，公益財団法人三井文庫の武田晴人文庫長様，下向井紀彦先生，岡本直子様をはじめとする皆様，株式会社三越伊勢丹ホールディングス様，一般財団法人J.フロントリテイリング史料館の石田真弘様に御礼申し上げる。

　　株式会社五絃舎代表取締役の長谷雅春様には，親切で丁寧な校正を賜り，衷心より御礼を申し上げる。

　　本書が，日本のみならず世界における現代企業をめぐる閉塞感（世界的なコロナ禍蔓延による経済活動の減退，途上国を中心とする政変不安等）を打開するためのブレークスルーのヒントになれば，我々望外の喜びである。

　　2021年初秋

　　　　　　　　　　　　　　　　　　武居奈緒子　井形浩治

目　次

第1章　本書のパースペクティブ

　三井に関する先行研究は，これまでにも膨大な蓄積がある。それは，三井財閥に対する研究，三井に関するコーポレート・ガバナンスの研究，三越に対する研究に分類できる。本章では，それぞれについて検討していく。

(1)　三井財閥

　三井財閥の先行研究については，膨大な質・量のものがこれまで公刊されている。まず，同組織をコンツェルンとして捉えた戦前のものとしては，和田（1937）があり，戦後では野口編（1968），野口編（1979）がある。前者は，その成立過程についての客観的描写が中心であり，後者は財務的資料を用いた経営状況を時系列に整理したものである。

　三井銀行自身が発刊した代表的なものとしては，　三井銀行株式会社編・刊（1957）や三井銀行株式会社編・刊（1976）がある。また，三井文庫編（1974），同（1977），同（1980），同（1994）も三井の全事業を俯瞰している。さらに，三井家の創業者・三井高利については，中田（1959）が詳細である。

　三井財閥の経営者である三野村利左衛門の文献としては，曾孫が伝記として記述した三野村（1969）や，生島（2002）が挙げられる。生島は，その後三井史の中での三野村の意義を体系化している（生島（2011））。生島は，江戸期の大商家が新たな時代への転向事例として三野村利左衛門を取り上げ，ケースとして三井家の経営革新的事業を示す反面，その後の事業不振や御用金問題といった危機状況を端的に示す。生島は，そこで登用された三野村の前半生と，三井家に関する危機対応のプロセスを説明し，その後の三野村の政商活動，三井銀行・三井物産の設立，さらに家政・店舗改革の断行について新たな視点から整理した。

　中上川彦次郎の文献としては，1970年代には安岡（1978）が挙げられる。90年代では，粕谷（1998）や，宇田川（1999）が挙げられる。山崎は，三井史の中での中上川の意義を体系化している（山崎（2011））。山崎は，財閥形成の立役者として中上川を捉える。とりわけ，政商の出現要因とそのリスクを示し，政商から財閥への変遷理由を客観的に示している。また，山崎は中上川を専門経営者のケースとして取り上げ，その改革事例，学卒者の採用，改革の挫折というプロセスを説明している。

　池田成彬の文献については，池田自身が記述した池田・柳沢（1949）や，池田成彬伝記刊行会編（1962）が代表的である。また，杉山（1978），安岡編（1982），江戸（1986）も池田成彬の業績について詳細に紹介している。さらに，宇田川（2008）では，三井財閥における池田の位置づけが明確にされている。宇田川は，池田成彬を三井財閥改革者と捉え，三井が拡大するに伴う苦悩や課題から，三井家創業一族から専門経営者による支配への「転向」状況を示した。

　その他一般向けの解説書としては，星野（1968），江戸（1986），武田（1995）が挙げられる。それぞれ，平易な文体で三井の特徴について記述されている。とりわけ，星野については，自身が慶応大学出身者として，三井鉱山，三井合名，衆議院議員，海軍参与，三井建設社長という多様な経歴の下，三井財閥内外の観点から，諸事実を客観的に整理している。さらに，水沢（1991），小堺（1992），高任（2010）は，三井家に関する諸事情を説明している。それらは，必ずしも史実に沿うものではないが，三井の実態を伺えることでは意義を持つ。

　財閥経営の学術的文献としては，森川（1980），安岡編（1982），安岡（1998）や，宮本（1999），橘川（2002）が秀逸といえる。それらは，三井財閥における主要各社の資本蓄積過程を経営学的観点から解き明かしている。三井家それ自体の経営特質については，安岡（1979），同編（1982）が詳細である。それに加えて，松元（1979），賀川（1985）も異なる観点から三井財閥の経営にアプローチしている。安岡は，三井を含めた財閥経営の歴史的研究として，「その所有と経営の国際比較」を体系化した（安岡（1998b））。同書において，17世紀前半のコンメンダから，日本の江戸期の大商人経営まで俯瞰し，所有制度と

いう観点に基づき，商家・財閥の資本所有とその運用，雇主と経営者の関係性，財閥の多角化と国際比較まで，総合的に整理した。

　三井物産については，栂井（1974）がある。また，三井物産筆頭常務であった安川雄之助自らが記述した安川（1996）も，当時の国際的活動を行った商社マンの考え方や，三井物産と化学工業や精密機械工業に関する戦略が描かれている。三井鉱山については，野瀬（1990）がある。同書は，三井三池炭鉱，三池港務所，三池製作所，三池精煉所および三池染料工業所といった事業所別に，三井鉱山全容の資料となっている。三井銀行については，小倉（1990）が挙げられる。同書では三井銀行の「中枢商工業重点取引」に焦点が当てられている。その後の商業銀行経営の危機から，産業と結合する大銀行への転身までの過程が詳細に記録されている。

　2000年代に入ると，柏谷（2002）は三井家を「豪商」と捉え，三井家の家業再編過程を分析している。同書において，三井銀行の設立，中上川の三井銀行入行の時期から，三井物産の設立，営業動向（ロンドン支店を中心とする），その船舶業務と会計処理まで，膨大な一次資料を用いて総合的な分析がなされている。総合商社としての三井物産研究としては，木山（2009）は三井物産を総合商社の起源と評価している。さらに，木山（2017）は近代的商業経営の成立は三井にあるものと見ている。そこでは，三井物産の開業時から，三井炭鉱の落札まで時系列的な説明がなされている。

　三井コンツェルンと三菱コンツェルンとの比較研究の古典と呼ぶべきものとして，柴垣（1968）が挙げられる。同書は，政商としての両社の明治期初期よりの成立から，その後の解体，さらに高度成長期下の「結集」と「反発」まで，日本の資本主義の発展過程の流れの中で捉えている。前出でも説明したが同時期に出されたものとして，野口編（1968），および同編（1979）が統計的財務資料を詳細に用いた主要な先行研究として示される。後者は，60〜70年代の「月曜会」とその参加企業についての詳細な分析がなされている（野口編（1979），pp.132〜161）。ただし，コンツェルンの典型トラストの分析として，三菱・住友・芙蓉・第一勧業・三和という5大コンツェルンとその参加「代表的企業」

との分析がなされているが，三井のみその分析がなされていない。そのことは，三井のみが他のコンツェルンと異なり，「代表的製造業」が特定し得ない状況にあったとも推察しうる。

さらに，海外からの三井観については，Cooney（1974）が*The New York Times*において端的にその実情を著している。同記事では，戦時中の三井によるアヘン取引等のスキャンダラスな内容も示されているが，国際的見地からの同組織の経済力・ブランド力については正当に評価している。また，日本の明治初期の三菱財閥における海運会社・日本郵船を研究した著書として，Wray（1984）がある。同書は，三菱に注目したものであるが，比較として三井に関する観点も豊富に挙げられている。

(2)　コーポレート・ガバナンス概念

本書におけるコーポレート・ガバナンス概念についての2000年以降の先行研究としては，次のものが挙げられる。まず，伊丹（2000）は「日本型コーポレートカバナンス」が従業員主権企業のあり方にあると指摘した。岩井（2003）は，会社の将来像からこのテーマを捉えた。ドーア（2006）は，「誰のために会社はあるのか」という本源的観点からガバナンス論を展開している。これらの3文献から，日本型ガバナンスの特徴が理解できる。

また，英米からは株式会社それ自体の存在や信頼性への問い掛けがなされるようになった。Acharya=Myers=Rajan（2011）は，企業の内部ガバナンス（internal governance of firms）という概念を取り上げた。また，Mayer（2013）は「ファーム・コミットメント」（Firm Commitment）という概念を示した。同書では，信頼できる株式会社はいかにしてつくられるかが示されている。

同様の問い掛けは，加護野忠男からも主張されている。加護野（2014）は，経営者のみならず株主自身の責任まで言及している。伊藤（2015）は，経営の「質」に注目し，ガバナンスの有効性として経済的利得が証されるべきであるとする。それらの成果は，2016年以降の吉村典久の成果に導かれることになる。

吉村は，2015年までに次のような研究を公刊している。まず，吉村（2007）

では日本企業のガバナンスにおける神話と実態を取り上げ，同（2008）では管理職としての部長の役割機能を探っている。また，吉村（2012）では会社の支配者という問題を取り上げ，吉村・堀口共稿（2013）では現代ドイツ企業の共同決定を紹介している（吉村・堀口共稿（2013），pp.73〜102）。吉村（2014）では，企業価値向上に資するためのコーポレート・ガバナンスのあり方を論及している（吉村（2014），pp.16〜28）。そこでは，2000年代以降の日本，ドイツのコーポレート・ガバナンスの発展に則する実態も示されている。

さらに，吉村（2016）では，コーポレート・ガバナンスのステークホルダー諸主体である株主，従業員（組合），財団などの果たしてきた役割を整理している。本論では，吉村典久（2016）を主要参考文献として注目している。

(3) 三越

三越自身が発行している先行研究・資料としては，「三越のあゆみ」編（1954），三越編（1990），三越本社編（2005）が挙げられる。後者については，他の資料では見られない，三越100年にわたる記録が示されており，戦後の詳細な財務データや，80年代の三越事件の内容についても客観的に記載されている。

近年の三越の先行研究としては，2012年2月より同ホールディングス代表取締役社長に就任した大西洋による著書が挙げられる。まず，大西（2015）では三越伊勢丹のブランド力について講じられている。大西（2016）では，同社の革新＝イノベーション創発が語られている。その3〜9ページにおいては，三越伊勢丹の2つの重視すべきこととして，「顧客満足」と「現場で働く人」を挙げ，それらによってイノベーションが生じると説明している。また，同書232-234ページにおいて，大正・敗戦期から引き継がれる三越ブランド維持は，伊勢丹との合併時においてすら引き継がれていたことも示されている。

また，労組側からの三越資料としては，牧野編（1963）『三越労連十年史』がある。そこでは，戦後から拡大してきた三越の労働者側の観点が示されている。

廣田（2013）は，日本の流通・サービス産業の歴史における明治初期の三井

呉服店について整理している（廣田（2013），pp.34-35）。とりわけ，日本の百貨店の誕生は三越であり，その立役者は日比翁助であると示している。

　和田（2020）は，三越誕生期の状況を詳細に説明している。同書において，「学問に精しく文芸美術に秀づる碩学天才」の協力を得て，商業に携わる者が経営を行うことを意味する「学俗協同」という観点を伴い，デパートメントストア宣言がなされたことを示した（和田（2020），p.19）。

　その他，三越経営者についての先行研究としては，次のものが挙げられる。斎藤（1973）は，流通界の革命児として三越・Oを取り上げている（斎藤（1973），p.78）。日経流通新聞編（1982）では，三越Oの解任をドキュメント風に描いている（日経流通新聞編（1982），p.17）。同書は，三越事件のO社長の解任プロセスを小説風な読み物として出されたものである。

　百貨店論としては，谷内（2014）が戦前の大阪における鉄道とデパートの研究を行っている。書名にもうかがえるように，大阪の鉄道とデパートの成立やその後の運営特徴に焦点が当てられている。特に，「阪急マーケット」の章において，その比較として「三越マーケット」の記述や，「戦前三越の下足問題」といったユニークな側面の探求がなされている。また，谷内・加藤（2018）では日本の百貨店史における地方，女子店員，高齢化といった他では見られない側面に着目している。同書の序章で，日本の百貨店史研究の意義として，百貨店を「呉服系」，「電鉄系」，「地方」という三区分にし，「地方」百貨店の歴史についても探求がされている。

　また，廣田（2017）は小売業態の発展において，百貨店の「大衆化」から連なる，反百貨店運動，中小小売業者の共同組織という，これまで取り上げてこなかった日本の百貨店史の影の部分も浮き彫りにしている。

　三越百貨店初期の経営者については，林（2013）が詳細にまとめている。同書において，没落した三井呉服店越後屋における和歌山市店の再建に尽くした日比翁助や「政商一新」を拓く高橋義雄の姿が詳細な後付けで示されている。

　さらに，外国語文献としては，2007年にChenら（2007）によって，台湾・台北における百貨店研究の中で新光三越（Shin Kong Mitsukoshi）をはじめと

する百貨店の比較研究が挙げられる。そこでは，第二次大戦以前の三越の状況が異なる側面から伺えるものであった。

　また，Chen（2017）による当時の山の手族の需要に応えた三越の戦略についても追究したものがある。また，George（2021）は，三越含めた日本の百貨店の成立期について，それぞれの成功理由について考察している。

　次に，この百貨店における成立期の研究をみていこう。百貨店の成立期の研究蓄積は多大なものがあるが，代表的研究として，初田（1993），神野（1994），武居（2014），加藤（2019）をあげることができる。初田（1993）は建築的アプローチから，神野（1994）は雑誌，藤岡（2006）は博覧会，武居（2014）は百貨店化は江戸時代からの長い文脈の中で形成したとしていて，加藤（2019）は支店網の展開に言及している。いずれの研究においても，強調点は異なるものの百貨店のイノベーションに注目は集まっている点では共通している。ところが，イノベーションのその後については，言及されてこなかった。

　一方で，百貨店の販売促進の研究は，必ずしもイノベーションと関連づけて研究されてきたわけではなかった。この点について，検討していくことにしよう。販売促進に関する代表的な既存研究は，次の通りである。まず初田（1993）は，百貨店の広告として，「人びとの注目を常に百貨店に引き付け，興味を引き出すこと」（初田（1993），p.76）としていて，絵看板とPR誌に注目している。

　絵看板については，高橋義雄がロンドンの石鹸広告にインスパイアーされて，1899（明治32）年，新橋駅，上野駅，梅田駅に掲げたもので，これにより三越は流行を作り出したとされる。これが，日本おける絵看板のはしりとされている。PR誌については，三越が1899（明治32）年1月に『花ごろも』を発行し，最初に商業PR誌を日本で行ったのは三越であるとしている。その後も次のようなPR誌を矢継ぎ早に発行したことで，流行を作り出したとされている。

　　1899（明治32）年6月　　　『夏衣』

　　1900（明治33）年1月　　　『春模様』

　　1900（明治33）年6月　　　『夏模様』

　　1901（明治34）年1月　　　『氷面鏡』

1903（明治36）年11月　　『みやこぶり』

1903（明治36）年8月　　『時好』（初田（1993），pp.77-78）

　絵看板やPR誌を通して，三越が流行を発信していたとして，三越において時代を取り入れようとする力が大きいことが強調されている。

　そして，三越の雑誌は次のように他の百貨店にも取り入れられ，各社が力を入れていることに言及している。

高島屋	1902（明治35）年3月	『新衣装』
白木屋	1904（明治37）年7月	『家族のしるべ』→1906（明治39）年1月『流行』
松屋	1906（明治39）年	『今様』
大丸	1907（明治40）年	『衣裳』→1908（明治41）年『婦人くらぶ』
大阪そごう	1905（明治38）年	『衣裳界』
名古屋松坂屋	1906（明治39）年	『衣道楽』（初田（1993），p.78）

　このように，各百貨店の力を入れる動きが活発化していることがわかる。それによって，「明治時代の後半，呉服店から脱皮しつつあった各百貨店が共通して積極的に行ったことは，社会の中に流行をつくり出し，流行が家庭生活に必要なものであるとの考え方を定着させることであった。」（初田（1993），p.78）とあり，百貨店がPR誌を通して流行を発信していた側面が強調されている。それを最初に行ったのが，三越ということになる。

　次に神野（1994）は，PR誌の編集責任者により傾向が異なるとしていて，歴代の編集責任者として，明治32年1号〜明治38年1号まで日比翁助，明治38年2号〜明治39年9号まで久保田米太郎，明治39年10号〜明治40年10号まで浜田四郎，明治40年11号〜大正8年8号まで笠原健一，大正8年9号〜昭和8年1号まで黒田朋信をあげている（神野（1994），p.68）。中でも，PR誌『三越』について，「日比の「学俗協同」という理念のひとつの形がPR誌に明確に示されてきたが，それはこの『三越』で完成されたといえる。」（神野（1994），p.68）とあり，これが日比翁助の目指す所であったとしている。

　また，ポスターについても取り上げていて，画家によるポスター→デザインされたポスター→セセッション風のポスターと変遷して，グラフィック化した傾向を指摘している。

　新聞広告については，山本（1999）の研究が詳しい。山本（1999）によると，白木屋を取り上げて，1927年12月19日，『東京朝日新聞』1ページ広告を打つと，翌日の売上高2.34倍になり，1928年2月3日，『東京朝日新聞』広告を打つと，翌日1.24倍，翌々日1.28倍になった。そこで新聞広告によって一日当たりの売上高が増加していることで，新聞広告が有効であるとしている（山本（1999），p.220）。「文字情報中心の広告，価格の数値の入った広告の方が，派手なイラストやコピー中心の広告よりも，当時の読者には新鮮に思えたわけである。」（山本（1999），p.220）とあり，他の媒体と比較して新聞の広告効果が大きいことに言及している。

　さらに，高島屋，十合，大丸の次のような新聞広告を取り上げて，個別の新聞広告の分析を行っている（山本（1999），pp.218-219）。高島屋については廉売という文言から中間層をターゲットとしていること，十合では定価表示されていること，大丸ではクリスマスセールの広告があること等の特徴が指摘されている。

　　高島屋の新聞広告　『大阪朝日新聞』1920（大正9）年5月14日。
　　十合の新聞広告　　『大阪朝日新聞』1920（大正9）年5月15日。
　　大丸の新聞広告　　『大阪朝日新聞』1926（大正15）年12月18日。

　その結論としてもってきているのが三越の新聞広告についてであり，松坂屋広告部長飯田美稲氏の次のような引用をして，「此の百貨店の型を一番先に拵へたのは三越の浜田さんで―元の広告部長をして居りました人―夫れを松宮君の代になりまして完成をしたのだと云つて差支へはないと思ひます。ソコデ皆此の百貨店の広告といふものは三越を見習つて，夫れで一ツの型が出来たのであります。」（山本（1999），p.220）としている。結局，「昭和期に入って急に大型化する百貨店広告は，明治，大正期に形成された三越型の広告の延長線上にあったことがわかる。」（山本（1999），p.221）と結論づけられ，三越の新聞広告

10

が百貨店各社のお手本になっていることを指摘している。

百貨店の販売促進研究で共通しているのは，百貨店の販売促進政策として独立して捉えていることである。イノベーションを起こした時には，百貨店について顧客に理解が及ばなかったわけであり，百貨店が顧客にどのように受け止められ社会に定着していったのかについては，販売促進と関連つけて検討することが必要不可欠であると考えられる。それゆえ既存研究をさらに発展させて，百貨店の普及プロセスについて販売促進政策をイノベーションと関連づけて検討していくことにしよう。

さらに言えば，三越に焦点を絞って研究蓄積を整理してみると，必ずしも三越のみに照準を合わせて時系列で考察した研究や，人物を通して考察することについても等閑に附されてきたことがわかる。そこで本書では，日比翁助，高橋義雄という2人の経営陣のイノベーションに注目することによって，三井呉服店から三越呉服店（百貨店）へ移行するプロセスを検討していく所にも特色がある。この検討なしに，小売業の近代化を議論することはできないだろう。

以上のように既存研究を整理してみると，三井財閥の研究においては，三越についてあまり関心が払われず，また三越研究においても，財閥との関係性の研究は管見の限りにおいて見当たらない。三井財閥と三越が別々に研究され，しかも各企業ごとに研究蓄積がなされていて，必ずしもその接点について言及されてこなかったことを見過ごすことはできない。三井財閥の存在は三越のマネジメントに影響を及ぼしているわけであり，三越の存在もまた三井財閥に影響を与えている。ここを議論しなければ，三井財閥，三越のビジネス・システムを議論したことにはならないであろう。この点を踏まえて，本書では，三井財閥と三越のインターフェイスにスポットライトを当てる所に研究上の意義がある。

第2章　三井財閥のマネジメントとガバナンス

はじめに

　現在の日本企業において，最古と見なされる中には三越百貨店が挙げられる（大塚（2007），p.10）。同百貨店は，三井越後屋としての創業から数えて，2021年現在340年が経過している。むろん，事業体として捉えれば，大阪の建設業・金剛組等の1000年単位のものもある。しかし，創業時事業の継続のみならず，その後，日本最大規模の財閥やグループ形成しえた主体とするならば，三越が日本の近代企業の先駆けと見なしうる。

　コーポレートガバナンス（Corporate Governance＝企業統治・規律）は，「会社をいかに存続させるか」について探求する理論といえる。なぜ，会社が存続できず，倒産・事業清算に陥るのか。その理由として，環境変化についていけない，既存の商品（財・サービス）が売れない，返せると考えた借金が返せないといった理由がこれまでいわれてきた。さらに，不祥事を起こし社会（行政・顧客）から相手にされなくなる，といった理由も付け加えられる。最後の理由こそがコーポレートガバナンスの観点からのものである。

　三井（Mitsui）というブランド名は，日本のみならず国際的に知名度が高い。1974年2月17日の「ニューヨークタイムス誌」において，ロイター特派員クーニー（Kevin Cooney）による "Mitsui" という記事の中で，次のような説明がなされている。三井家（The House of Mitsui）は，クルップ（Krupp：ドイツ最大の鉄鋼業と重工業のコンツェルン創業一族）とロスチャイルド（Rothschild）の金融スキルを組み合わせたアジアのビジネス王朝（business dynasty）であり，日本の富裕階層に資本主義の教訓を教えた，と（Cooney（1974））。

　三井の発祥は，江戸期の呉服店・三井越後屋であり，その後財閥，グループという構造の中で進展してきた。それを起点に，本章では次のような3つの観点（仮説）のもと，考察を進める。

　　①三井は，時代ごとに変遷しながら，新規・廃棄されるビジネス事業体としての存続と，それを営む「商家・三井家」としての存続がある。それぞれは，時代によっては合一し，もしくは分離しつつもバランスよく進展してきたこと。前者は，その後，同業・異業他社にも影響する「普遍的ビジネスモデル」をつくり上げ，後者は三井家固有の組織システムとして継続されてきたこと。

　　②三井は，近代企業として「所有と支配の分離」を早くから受け入れてきたが，三井家としての「閥」と歴代専門経営者の「閥（主に学閥）」とのしのぎあいがその特性に伺えること。そして，ガバナンスの基本的概念も日本の企業・事業体の中で早くから認知し，その機能の有効性を発揮していたこと。

　　③「三井（家）」そのものがブランドである。その認識は，それに固執する三井家にもあり，外部から招き入れられた専門経営者にもあった。しかし，時代ごとに両者が持つ「ブランドの捉え方」に差異があり，その修復・回復も，そのマネジメントとガバナンスの諸機能に求められたこと。

　本章では，三井財閥のマネジメントとガバナンスという2つの観点に基づき，財閥そのものの成立から発展のプロセスを整理していく。

　各節構成では，1節で江戸期の三井高利のガバナンス観について概観する。本節の（1）では，高利のビジネススタイルを整理し，（2）では「家存続」というガバナンス理念について見る。2節では，三井財閥のマネジメントについて整理する。（1）では，三井財閥の形成概説について見る。特に，その代表的専門経営者について触れる。（2）では三野村利左衛門，（3）では中上川彦次郎，（4）では池田成彬を取り上げる。（5）では，その後の三井財閥のマネジメントの状況を一瞥する。

　第 3 節では，三井財閥のガバナンスを 2 つの主体に分けてアプローチする。
1 つは，「三井家」に関する規律システムであり，他方は三井財閥の外部から
招聘された専門経営者（ここからは単に「三井専門経営者」とする）。そのため，
（1）で三井家への規律システム，（2）で三井家規律システムの限界，さらに
（3）で三井専門経営者への規律システム，（4）で三井専門経営者規律の限界と
いう項目からその実態を探る。

　最後のむすびでは，以上を振り返り，若干の考察を行う。

第 1 節　江戸期の三井高利のガバナンス観

　老舗百貨店の三越は，1673（寛永13）年 8 月に伊勢・松坂の商人・三井高利
が江戸に出て前身の呉服店「三井越後屋」を日本橋に開業したのが始まりとさ
れる。2021年現在を基準とすると，同社は340年以上存続していることになる。
本節の（1）では，高利のビジネススタイルを整理し，（2）では「家存続」と
いうガバナンス理念について見る。

(1)　高利のビジネススタイル

　1673（延宝元）年，三井（八郎兵衛）高利が呉服店越後屋を創業した。その
屋号は，高利の祖父の時代まで「越後守」を名乗る武士であったことから「三
井越後屋」とされた。三井越後屋は，「名所江戸百景」（広重）の「する賀てふ」
にも描かれているが，当時，江戸日本橋駿河町の通りの両側全域を占めていた。

　1683年 5 月に，三井越後屋は本町から駿河町（現在地）に移転し，両替店
（現在の三井住友銀行）を併置する。その後，幕府の「御金蔵為替御用方」にな
る（生島（2011），p. 5 ）。

　「店前現銀無掛値」，「小裂いかほどにても売ります」は，高利が1683年に掲
げた同家の理念・スローガンである。それは，「正札販売」を世界で初めて実
現し，当時富裕層だけの呉服を，ひろく町人大衆にも広げていくものであった。
そこでは，従来の掛け売りを排し，西陣など着物の産地から大量の呉服を仕入

れ，その分商品を安く売る，といった手法も取り入れられた。また，商品毎に専門の販売員をおき顧客の便宜を図り，急ぎの物の注文時は，顧客を待たして仕上げるユニークな用立てサービスも行われていた。

　高利は，信用貸しの拒否，安値の固定価格設定，それらによる大量販売を行い，驚異的な成功者になった。また，その両替店の設立はイングランド銀行（Bank of England）が設立される10年前にあたり，現在の立地も同じくする銀行の設立に至っている（Cooney（1974））。

　これらは，まさに他の呉服店とは異なる新たなビジネススタイルと呼べる。高利は，戦前の三井財閥，戦後の三井グループの源「三井家の家祖」に捉えられる。創業以来，三井（三越）は，いつの時代も製品・サービス・ビジネススタイルなどすべての面で「革新＝イノベーション」を繰り返してきたのである（吉村（2016），p.59）。

(2)　「家存続」というガバナンス理念

　江戸時代の日本においては，企業（＝株式会社）概念はなく，そのため「企業の存続」という観念は一般的になかった。ただし，三井をはじめとする商家には「家」の存続という観念はあったと考えられる。むろん，そのためのガバナンス機能という概念は存在しないものの，「家」の存続を図る努力は，他の多くの商家同様になされてきた。とりわけ，三井においては，「家存続」のマネジメントが図られる一方で，ガバナンスの理念が補完されていたといえる。

　高利の晩年の悩みは，豪商となった「三井家の永続」であった。当時の越後屋は，事業自体が呉服と両替に分かれていた。また，商う地域も江戸・京都を中心に20店舗を擁していた。それらは，総じて見なすと一つの巨大なビジネス事業体となる。高利は，自身の後継者となる15人の子どもたちには分割相続せず，全員に相当分を「割り付けておく」と結んだ遺言を遺し，「一族全体での相続」とした。結果的に，その課題を長子の高平に委ねた。高利と高平は，江戸時代初期に「遺訓」という形で，いくつかの決まり事を残す。その一つは，1710年に同族間の争いを防ぐ目的と，三井の全事業を統括し，かつその資産分

配の機能を持つ「大元方（おおもとかた）」という組織の設置である（生島（2011），p.6）。

　大元方は，三井・越後屋の資産を一括して管理し，各店へ資本金を出資するというシステムである。各店は，半期ごとに帳簿とともに利益の一定額を大元方に上納し，三井一族11家への報酬は大元方から支払うことにした。大元方トップの3頭梁は，各家の中で特に商才能力に優れた人材が就いた。頭梁は，各家の利益代表でなく，三井家全体の共同事業の代表として業務を担った（『日経ビジネス』（2016），p.41）。これは，現在の事業部制，カンパニー制もしくは持株会社制の形態に近いものといえる。大元方によって，三井越後屋の各店はマネジメントの自律性を有する反面，ガバナンスという他律性も付与されるものとなった。

　さらに，三井高平が記述した『宗竺遺書』において，創業家出身者でもトップにふさわしくなければ，勘当したうえで，別に養子を取り，後継者とすべし，と定められていた。これは，無能な後継ぎは，「押し込め」て隠居させるものであり，封建制時代においてもトップの暴走・ワンマンを防ぐシステムとなった（『日経ビジネス』（2016），p.41）。

　三井家を始めとする江戸期大商家では，一般に主家に忠誠心をもつ番頭に経営を委託していた。そうした経営委託制度は，明治期以降も多くの商家で継続された。三井家では明治中期の「中上川の改革」後，高等教育機関出身者が積極的に雇用された。彼らの多くは，後に専門経営者となり，伝統的な家内教育訓練を受けた番頭経営者と交代し，順次経営の中枢を担うことになる。

　ただし，経営委託制度の下では，所有者と雇用経営者の関係は両者の「力」関係によってしばしば変化した。例えば，三井家では専門経営者の能力が高いときは，三井同族の発言権は弱くなり，専門経営者の力が相対的に弱いときには，同族の発言権が強くなるという関係にあったことも指摘されている（安岡（1998a））。そして，両者の「力」関係に同族間の対立や利害が影響した。三井家は11家からなる同族集団であり，各家の利害と経営意思が常に統一されていたわけではなかった。

　このことは，三井財閥の課題となり，「家存続」のマネジメント遂行を妨げてしまうガバナンスの機能不全を生じることになった。

第2節　三井財閥のマネジメント

　本節では，三井財閥のマネジメントについて整理する。(1) では，三井財閥の形成概説について見る。次に，三井財閥の代表的専門経営者について触れる。(2) では三野村利左衛門，(3) では中上川彦次郎，(4) では池田成彬を取り上げる。(5) では，その後の三井財閥のマネジメントの状況を一瞥する。

(1)　三井財閥の形成概説

　明治維新以降，三井家はイノベーションとして日本初の民間銀行を設立した。そして，三井家は，両替商・呉服商として資金を蓄積し，その原資から三井財閥の確立を実現する。

　戦前，日本の財閥は，持株会社としての財閥本社が傘下の事業会社を支配してきた。それは，支配と同時に規律としてのガバナンスの機能を果たしたともいえる（岡崎 (1995, 2002)）。ここでは三井財閥の形成および確立までの推移をみる。

　三井家は，1876（明治9）年に三井銀行と三井物産を発足させた。ここから，「政商」から「財閥」への転換が始まった。さらに，1888（同21）年に三井家は官営三池炭鉱を落札・取得し，それをそのまま1892（同25）年に三井鉱山会社として設立した（星野 (1968), pp.423-425）。すなわち，三井銀行と三井物産に三井鉱山を加えた3部門を中心に，財閥が形成されることになった（表2−1）（表2−2）。

　1870年代に政商として出発した三井と三菱は，それぞれ銀行の役割特性が異なっていた。三菱は，海運業に従属する金融機関と捉えていたが，1876年の三井銀行は金融機関が財閥を先導する立場と捉えていた（Wray (1984), p.5）。

　そして，その一方で1893年9月に，三井越後屋呉服店は「合名会社三井呉服

店」に改組される（星野（1968），p.425）。また，1895年 8 月に高橋義雄が理事
に就任して以来，その後の新たなビジネスシステムの改革が進められる。三井
越後屋は，後に「三井呉服店」，「三越呉服店」といくつかの名称変更を経て，
現在の「三越」に至る。

　1909（明治42）年には同族11家の全額出資により，財閥の中核となる三井合
名会社が持株会社として設立される（表 2 - 3）。1893年 7 月に商法の改正が
行われ，当時の日本企業形態は，大きく 3 つに分類されていた。 1 つは，ジョ
イント・ストック・カンパニー（株式会社）であり， 2 つめは合資会社（三菱
に代表される有限責任会社），そして 3 つめが合名会社（三井に代表される無限責任
会社）である（Wray（1984），pp.266-267）。

　これによって，三井銀行，三井物産，三井鉱山などの直系会社が株式会社に
改組され，三井合名会社がそれらの傘下企業の株式を所有し，統治・管理する
形態を三井は採ることになる。それによって，三井財閥は完成される（宇田川・
中村編（1999），p.52）。その後，三井銀行の財務内容からも伺えるように，戦時
ごとに経済集中の状況は拡大する。

　三井財閥は，他の財閥に先駆け，三井合名会社を頂点とするコンツェルン体
制を確立することができた。そして，第一次大戦勃発直後の1914（大正 3 ）年
8 月に團琢磨を三井合名理事長に就任させた。團は，三井合名社長三井高棟
（三井総領家）の信頼の下で積極的な拡大戦略を展開する。その結果，三井合名
の資本金は，増資を重ね1917年に6,000万円，19年に 2 億円，20年には 3 億円
に達した（星野（1968），426）。また，三井財閥の事業基盤を支えた三井銀行の
資金勘定（自己資金＋預金），三井物産の年商高，三井鉱山の獲産額は，1915年
から20年の大戦ブームの間で，それぞれ3.6倍，4.4倍，3.9倍に膨張した。

　拡大戦略は，第一次大戦後の不況期にも継続された。特に，三井物産，三井
鉱山を起点に造船，鉄鋼，石炭化学工業等の重化学工業分野への進出と，信託，
生命，損害保険等の金融部門の多様な拡充が進行していく。その結果，三井財
閥の規模は，1930（昭和 5 ）年時点で直系・傍系40社を擁するまでになり，当
時の日本経済において，その支配力を最も高める時代を迎えた。

　三井財閥が昭和恐慌期に最大財閥としての頂点に達した時点で，それへの非難・攻撃の矛先は三井物産，三井鉱山，三井銀行の三大直系会社の事業活動に向けられる。三井物産については，中小商工業者が開拓した国内外の市場を物産が強力な資本力で横取りし，その上，疲弊した農村に進出し，「農村の工業化」の名の下に小生産業者らの利益を搾取しているとの非難であった。また，三井鉱山については，主力の三池炭鉱で労働者に対し一方的に餓首や過酷な労務管理を強行し，同時に大牟田地域の政治，経済権益を独占・私物化していると攻撃された。そして，三井銀行については，1931（昭和6）年6月のイギリスの金本位制離脱直後，国策に反して大量のドル買いを行ったため，日本の金本位制停止による円貨下落の中で巨利を稼いだ，との批判・攻撃であった。

　とりわけ，1931年12月の日本の金輸出再禁止措置後，ドル為替差益を得た三井銀行（財閥）に対する攻撃は一層激しくなる。そして，1932年3月5日，三

写真2－1　團 琢磨

＜史料提供＞公益財団法人三井文庫。

表 2 - 1　三井銀行の営業成績（1876〜1932年）

年度	払込資本	諸貸金および 手形割引	諸預金
1876（明治9）	2,000	9,911	11,369
1898（〃31）	5,000	25,000	28,853
1909（〃42）	20,000	72,828	86,162
1914（大正3）	20,000	89,303	99,687
1919（〃8）	60,000	318,526	351,130
1924（〃13）	60,000	323,788	408,583
1927（昭和2）	60,000	431,001	560,334
1928（〃3）	60,000	402,009	605,609
1929（〃4）	60,000	472,869	660,373
1930（〃5）	60,000	471,120	666,167
1931（〃6）	60,000	452,143	637,443
1932（〃7）	60,000	472,549	687,648

（注）英文のハウス・オブ・ミツイに記載してある明治9年以降の営業状態。

（出所）和田（1937），pp.180-181，一部加筆。

表 2 - 2　第一次大戦当時の三井合名の経理内容（1909〜1920年）　　（単位：千円）

年次	資本金	積立金	繰越金	利益金	有価証券
1909（明治42）	50,000	12,756	—	1,202	43,463
1913（大正2）	〃	17,350	919	1,805	51,201
1915（〃4）	〃	20,950	979	1,971	65,060
1916（〃5）	60,000	24,400	1,008	5,158	68,092
1917（〃6）	〃	32,790	1,620	54,942	125,703
1918（〃7）	〃	108,524	410	8,131	144,314
1920（〃9）	200,000	59,922	1,720	10,312	248,764

（出所）星野（1968），p.210。

井合名理事長の團琢磨は，三井本館玄関先で血盟団員によって射殺されること
になる（中島（2013），pp.367-369）（星野（1968），p.427）。その事件は，一部の狂
信的犯罪者によってなされたものであったが，三井を含めた財閥の正当性それ
自体に対する，社会一般からの敵視も象徴するものであった。

写真2－2　三野村利左衛門

＜史料提供＞公益財団法人三井文庫。

(2)　三野村利左衛門

　江戸末期，三井は事業不振と御用金問題という2つの課題に対処が迫られた。
大元方の営業成績は，1770年頃まで順調であったが，それ以降は不振に陥り伸
び悩んだ。呉服店については，他店が三井の革新的商法を模倣し，また呉服自
体の流行にも適応できなかった。両替店は，1830年頃までは業績が良好であっ
たものの，大名貸しなどによる不良債権が拡大しつつあった。

　当時，江戸幕府も赤字財政の補填のため，御用金の上納を三井らの特権商人

に頻繁に命じるようになる。三井については，公金を仕入資金に流用し，多額の焦げ付きを生じさせる不祥事も起こした。それが幕府に知られ，同家はさらに無理な御用金が課されることになった（生島（2011），pp. 5 - 7）。

三井は，創業以来最大の危機を迎え，同家当主・三井高福をはじめ大元方役トップは，この課題解決を協議した。結論として，勘定奉行の小栗上野介忠順に御用金の大幅な免除を願うことになる。そして，その役目を当時，三井両替店に出入りしていた小両替店商の美野川利八，後の三野村利左衛門に託することになる。

三野村は，1821年に生まれ，実父が庄内藩の木村利右衛門の養子になっていたため，当時木村姓を名乗っていた。三野村は，読み書きができなかったが，18歳で江戸深川にある干鰯問屋「丸屋」に奉公に出た折，同店の口利きで，後に勘定奉行になる小栗家の雇い中元となる。その後，神田三河町の「紀ノ国屋」の娘なかと婿養子として結婚し，当時の氏を受け美野川利八を襲名する。1852年に，ある両替商の株を買い両替店を開くことになる。

三井は，御用金問題の交渉役として利八に任せたところ，利八の交渉は成功し，当時要請された266万両を150万両に減免させ，その150万両を50万両にして 3 年賦にまで引き下げた。利八は，三井存亡の危機を救うことになった。後に，三井御用専門部署「三井御用所」を設置の折，その支配人に利八は抜擢されるまでになった（生島（2011），pp. 7 - 8）。

老舗大商家の三井は，丁稚から番頭までの年功昇進システムが確立されていたため，それは異例の抜擢である。利八は，三井入りに際して三野村利左衛門と名乗る。これは，三井の「三」，美野川の「野」，実家姓である木村の「村」から付けられた。

三井は，その後も幕府から御用を引き受けたが，三野村は幕府・反幕府両面で「ふたまた」的戦略を練る。江戸では幕府側工作を担う一方で，京都や大坂では当時の三井家当主・高福を中心に勤皇派とも密通し，新政府からも税制資金献納や公債募集の協力を担う。

三野村は，明治政府樹立後もそのまま残り，時の政府系権力者と結びついた

事業を行いつつ，三井のマネジメント中枢となる。彼は，官金取扱業務を発展させて，銀行を設立する構想があった。だが，三井同族の出資による創立願いを政府に提出したが，1882年に日本銀行が設立されたため実現はしなかった。

三野村は，銀行設立には三井の赤字部門のリストラが必要と考えた。それは，不振の呉服店の切り離しであった。しかし，三井家からの反対もあったため，「三井・越後屋」の「三」と「越」をとり三越家を創設し，同家に経営を移行することで解決した。その後，政府から三井に銀行設立の認可が出される。それは，日本初の私立銀行のスタートとなる（生島（2011），p.9-11）。

1876年7月1日に，三井銀行は，資本金200万円，総長は三井高福，三野村は総長代理副長に就く形で認可された。三井銀行の開業と同じ日に，三井物産も設立された（星野（1968），p.423）。

三野村は，三井の店制の改革と，内部機構の改革も同時に進めた。具体的には，「大元方改正条目」（大元方の変革趣旨を記載），「大元方規則」（その具体的な方針を記載）を作ることになる。三井は，当時，日常業務に関しては番頭に委任するが，最終的な決定権は同族にあるとされた。

三野村は，自身が中途採用の外部者であった観点から，三井の同族や使用人のあり方の改善を進める。彼は，大元方の資産は使用人を含めた三井全体のものであって，三井同族だけの所有物ではないと定め，全員でこれを永続化していくことを説く。

三野村は，同族による経営介入が三井の存続発展に支障・制約になることを恐れた。同族は，11家あり，各家の意見調整が困難であった。三野村は，番頭や使用人の能力・資質を引き出せるビジネスを指向した。この三野村の考えは，三井銀行設立の際に実現した。銀行資本200万円のうち，大元方の出資分は半分の100万円，同族は50万円，残りの50万円は三井家の使用人が拠出した。使用人の出資は，その分だけ経営に関する発言権を意味した。1877年2月に三野村は亡くなる（生島（2011），pp.11-13）。

三野村は，トップマネジメントとして幕末・維新期に存亡に瀕した三井の家業改革を断行し，その後の三井財閥の基礎を築いた。

　三野村のマネジメントは，4つの特徴があると指摘されている（生島（2011）pp.13-14）。

　　①外部抜擢者としての第三者的・客観的な経営意思決定

　　②高度で迅速な情報収集と処理能力

　　③幕府・政府といった外的環境との交渉能力

　　④組織の全階層を引き付けるリーダーシップ力

　三井は，結果的に三野村にマネジメントを任せて成功した。三井においては，中上川彦次郎以降が「専門経営者」という性格を有するのに対し，三野村は「雇われ経営者」のイメージが強い。むしろ，自身の氏名の根拠や，死去後に娘婿である三野村利助が三井銀行の経営を指揮したように，三井家に対する順応や縁故的姿勢も垣間見られる。

　しかしながら，経営者・三野村の時代は，三井において「所有と経営の分離」

写真 2 - 3　中上川彦次郎

＜史料提供＞公益財団法人三井文庫。

が確実に進められた時期といえる。

(3)　中上川彦次郎

　中上川彦次郎は，三井銀行の専門経営者として同行の再建に成功し，近代的な三井財閥確立の立役者となった。ここでは「専門経営者」としての彼の改革に注目する。三井銀行の設立は，三野村利左衛門の政商活動によるところも大きかったが，彼の死後，その経営は西邑虎四郎らが引き継いだ（山崎（2011）p.18）（宇田川（2007），pp.13-17）。

　三井銀行は，官公金取り扱いを主目的の私立銀行であったが，一般商業銀行への転換が進められた。当時，三井銀行は，政商活動による官公金取り扱いに伴い，不良債権も拡大していた。1890年に生じた不況時において，同行は破産の危機に直面する。明治政府は，三井家顧問の井上馨に三井銀行の救済を依頼した。そこで，井上は外部の中上川彦次郎を三井家に推薦する（山崎（2011）pp.18-19）。

　中上川彦次郎は，1854（安政元）年に生まれ，彼の母親は福沢諭吉の姉であった。1869（明治2）年に上京した中上川は，慶鷹義塾に学び，21歳でイギリスに留学する。その折，ロンドンで経済調査に来ていた井上馨と知り合い，帰国後，井上の招きで工部省に入る。その後，新聞社「時事新報社」を経て，山陽鉄道社長に就任する。そして，叔父かつ恩師の福沢からも後押しされ，1891年三井銀行理事に就任する（星野（1968）p.424）（和田（1937）p.102）。

　中上川は，三井銀行の副長となり，三井の改革を進めた[1]。その改革にあたり中上川は，次の2つの方針を立てた（星野（1968）p.424）（山崎（2011）pp.20-21）。

　　①不良債権の処理

　　②工業化政策の推進

　①の不良債権の処理は，政府関係者からの貸出要求に無計画に対応してきた官公金取扱業務からの撤退と，不良債権に対する債権回収であった。なかには，井上の友人・知人に対する返済も迫り，後に井上との不仲につながるものもあった（和田（1937），pp.112-118）。

　中上川は，この過程で三井と政府との関係を希薄化させ，それまでの政商路線からの脱却を成し遂げた。

　②の工業化政策の推進については，4 つの方法で進められた（山崎（2011），p.21）。

> 1 ）株式の買い占め出資比率を上げることで，有力な製造業の「乗っ取り」を進めること。この手法で，鐘淵紡績（鐘紡）や王子製紙などを支配した。

> 2 ）担保に入っていた企業を抵当流れとして経営すること。この手法で，芝浦製作所や前橋絹糸紡績所，大慿製糸所などを支配した。

> 3 ）政府からの「払下げ」を受けること。この手法で，富岡製糸所や新町絹糸紡績所を支配した。

> 4 ）工場の新設を進めること。この手法によって，三重製糸所，名古屋製糸所などの製糸工場が作られた。

　中上川は，これ以外に三井家傘下の鉱山業の一体的経営も進めた。それは，買収などによって鉱山業を拡大させるものであり，三井鉱山の設立も実現した。

　1894（明治27）年に，中上川は工業部門の統轄機関として，三井元方のもとに「工業部」・「地所部」を設置する（星野（1968），p.425）。中上川は，不良債権処理という消極策と，工業化政策の推進による事業多角化という積極策をバランスよく進め，財閥の伸展を実現した。

　さらに，中上川の人材登用の特徴として，「学卒者」の採用が挙げられる。それは彼の政策や近代的ビジネスを進める上で，それまでの三井家番頭ではなく，学識的な能力・資質をもった「学卒者」人材の登用を意味した。彼は，そのため自身の出身校・慶應の卒業生を登用した。中上川は，採用者を三井銀行や，他の主要製造業の専門経営者・管理者として配置していく。それら人材は，その後，日本の各業界のリーダーとなる者も多かった（山崎（2011），p.22）。

　中上川は，三井銀行の再建と工業化政策の推進という 2 本柱で，三井家の事業改革を進めたが，日清戦争後の不況による工業部の不振も重なり，三井内部からも非難を受け孤立し始めていく。経営の第一線から退いた後，1901（明治

34）年10月に中上川は48歳で死去する。

　中上川は，晩年に井上馨や，三井同族からも反発警戒された。中上川の改革路線については，三井家総長の三井高保は最後まで支持していたが，他の11家の主人は考えが異なっていた。彼らにとって最も重要なことは，同族の財産である「家産」の維持と，それらの安定的拡大にあった。そのため，中上川の推進するリスクの高い工業分野への投資は支持できなかった。さらに，慶應義塾出身の「三田閥」形成への批判も強かった（山崎（2011），pp.23-24）。

　中上川の亡き後，三井家では三井物産の益田孝が実権を握る。彼は三井同族と顧問・井上の支持を受け，中上川の工業化路線を廃し，三井銀行と三井物産を中心とする「商業の三井」を目指した。益田は，工業部門を解体し，業績の振るわない呉服店を三越呉服店として分離し，三井家事業を三井銀行，三井物産，三井鉱山という3つの中核事業に整理する（山崎（2011），pp.21-22）。

写真 2 - 4　益田孝

＜史料提供＞公益財団法人三井文庫。

　中上川の改革の成果は，三井財閥の確立と，専門経営者の有用性を示した。とりわけ，専門経営者の登用は，三井財閥に限定されることではなく，その他の近代産業の経営発展の原動力となった。彼の経営者時代に，三井財閥では「所有と経営の分離」から「所有と支配の分離」へとシフトがとられたといえる。

(4)　池田成彬

写真 2 − 5　池田成彬

＜史料提供＞公益財団法人三井文庫。

　池田成彬は，團琢磨の暗殺後，財閥攻撃の中で三井財閥を防衛し，さらなる改革を託された。彼は，三井財閥の「転向」を実現させた。池田は，1867（慶応 3 ）年に生まれ，慶応義塾在学時にハーバード大学にも留学している。1895年に 5 年間の留学生活を終えて帰国した池田は，時事新報を経て，中上川彦次郎改革中の三井銀行に入行した（宇田川（2008），p.120）。

　池田は，中上川に実力を認められ，1900年に本営業部次長に抜擢され，翌01年に中上川の長女と結婚し，1919（大8）年には同行の筆頭常務となった。

　池田のトップマネジメントとしての最初の仕事は，三井銀行の増資と株式公開であった。当時，三井銀行トップは「三井家のための三井銀行」を強く主張していた。これに対して，池田は「銀行は，単なる三井家の所有物ではあってはならない」（宇田川（2008），p.121）という考えから三井銀行株の公開を計画した。そして，三井高保同行社長，團琢磨三井合名理事長，総領家当主三井高棟の支持同意を得て，同行株式の公募を実施した（宇田川（2008），p.122）。

　1927（昭和2）年の金融恐慌の発生時，多数の銀行が預金取付けから休業・破綻した。三井銀行は，その余波を一部受けたが，銀行全体としての影響は軽く，その後回復する。第一次大戦後，三井銀行は電力事業に対する融資と外国為替業務の拡大に力を入れた。池田は，三井はじめ大手都市銀行の主要な任務は次世代の有力産業の育成にあり，同時に貿易事業の拡大から外国為替業務量も大きくなると予想した。そのため，当時，三井銀行は大量のドル為替を購入したため，その後，同行がドル買いの元凶とみなされてしまい，池田成彬自身が外部から非難を受けることになる（宇田川（2008），p.122）。

　團琢磨の暗殺後，三井合名は6人による合議制を敷くことになる。しかし三井への攻撃を収拾するためには，三井合名の業務に専念するリーダーが必要であった。三井総領家当主三井高棟と最長老の益田孝は，その難局打開者として池田を推薦し，1933（昭和8）年に池田は三井合名の筆頭常務理事に就任する（江戸（1986））。

　池田は，実施すべき課題として次の2つを取り上げた。

　　　①三井を財閥攻撃から防衛すること

　　　②財閥の経営方針や組織機構を転換し，社会との「親和性」を回復させること

　池田は，この課題を解決するために，三井高公の支持の下に次の5つの施策を進めた（宇田川（2008），pp.123-125）。

①「三井報恩金」による公共・社会事業への寄付

②三井合名所有の各社の株式売卸と，株式の公開

③三井同族の退陣

④安川雄之助の解任

⑤停年制の実施

　ここでは，③について取り上げる。三井同族の多くは直系会社のトップマネジメントに就任していた。池田は，経営の才能の無きものが財閥一族という理由のみで，そのトップに就任することを疑問に感じていた（池田・柳沢（1949））。この考えは，三井同族を経営の第一線から引退させ，直系企業の同族色を薄める改革につながった。この措置に対しては，当然，同族の中からも強い異論が出た（池田・柳沢（1949））。池田は反対する同族を説得し，1934年初頭に三井銀行社長三井源右衛門，三井物産社長三井守之助，三井鉱山社長三井元之助を引退させ，後任社長に同族外の専門経営者を登用した。同時に，他の三井同族も三井各社のトップから引退させられた。

　④の安川雄之助は，三井物産の筆頭常務として，昭和初年の不況期の中で物産の事業拡大を主導した。ただし，その経営手法についてはマスコミなどからも批判が大きかった。池田は，その沈静化を図り，また三井の「転向」を社会にアピールする上で，安川に引責辞任を迫まった。

　⑤の停年制の実施について，池田は三井財閥の戦時体制の進展に対応できる経営者を抜擢するために，1936年4月に次の3点の停年制を実施した。

　　1）筆頭理事と参与理事は満65歳

　　2）常務理事および理事は満60歳

　　3）使用人は満50歳

　この停年制は，決定から半月後に実施され，70歳となっていた池田は同年4月30日に，停年制実施の第1号として，三井合名筆頭理事を自ら退任した（宇田川（2008），pp.124-125）。

　池田は，三井家による経営介入を極限まで制限することを行った。そのことは，三井における「所有と支配の分離」を完成させたものと評価できる。

(5)　その後の三井財閥のマネジメント

　大正後半から昭和初年にかけ，財閥肥大化への批判・攻撃は高まった。そのため，各財閥とも批判や攻撃から身を守るため，財閥組織そのものの改革を積極的に取り組まねばならなかった。だが，改革は財閥の所有者ではなく，財閥に雇用された専門経営者によって推進された。

　三井財閥の「転向」策の実施後，日本経済は戦時経済体制に移行する。そうした状況の中で，財閥批判は次第に沈静化し，逆に財閥は戦時体制の有力な担い手と見なされることになる。

　三井財閥は，本社機構の株式会社化が遅れた。しかも，1940年8月に三井合名会社は三井物産と合併し解散した（実際は，その後4年間三井物産の中に「本社」が存在するという変則的な形態がとられていた）（星野（1968），p.428）。そのため，ガバナンス機能を発揮することが容易ではなく，戦時下の課題であった重化学工業分野への進出・拡充を十分に実現できなかった。特に，池田の引退後，同族の経営介入によって改革の進展も鈍り，重化学工業分野進出と組織のガバナンス改革の両面では三菱，住友に後れを取らざるを得なかった。

　こうした財閥改革のプロセスとそこでの財閥同族と専門経営者の関係は，第二次大戦後の財閥解体とその後の企業集団への再編成に大きな影響を与えた。

　解体された財閥各企業が再結集する際に，重要な役割を果たしたのは「社長会」の結成であった。その結成は，住友が1951（昭和26）年に白水会を最初につくり，次に三菱が1954年に金曜会を設置した。これに対して，三井の二木会の結成は1961年であった。

　この遅れは，戦前に財閥同族との関係が良好であった住友，三菱系企業の専門経営者が再結集に意欲を示したのに対して，三井系企業の専門経営者は三井同族に対する反発が強く，そのことが再結集を遅らせた要因として作用したともいわれている。

第 3 節　三井財閥のガバナンス

　三井財閥のガバナンスは，三井家同族の「家主義」と三井財閥の外部から招聘された専門経営者の「自己裁量主義」を同時に調整・コントロールする課題があった。すなわち，前者を調整・コントロールする制度は，同時に後者を調整・コントロールするための制度と表裏一体をなさねばならなかった。

　本節では，三井財閥のガバナンスを 2 つの主体に分けてアプローチする。1 つは，「三井家」に関する規律システムであり，他方は三井財閥の外部から招聘された専門経営者（ここからは単に「三井専門経営者」とする）に関する規律システムである。そのため，(1) で三井家への規律システム，(2) で三井家規律システムの限界，さらに (3) で三井専門経営者への規律システム，(4) で三井専門経営者規律の限界という項目からその実態を探る。

(1)　三井家への規律システム

　本項では，三井家への規律システムとして，特に三井同族の家主義のコントロール面に着目し，次の 2 つを取り上げる（宮本・林（2009），p.90）。

　　　(1) 三井家憲の制定と同族会の形成
　　　(2) 持株会社の設立

①　三井家憲の制定と同族会の形成

　三井家は，1900（明治33）年に井上馨の後押しで，「三井家憲」を制定する（星野（1968），p.425）。同家憲は，全10章，109条からなり，同族，同族の義務，同族会，重役会，財産，相続などについて規定されていた（宮本・林（2009），p.90）。

　イールズ＆ウォルトン（R. Eells and C. Walton）は，コーポレートガバナンスは原理として「立憲主義」（constitutionalism）が求められると指摘する。同家憲は，まさに成文化された家族憲法（family constitution）であり，立憲主義的考え方に裏打ちされるものである（Eells ＝ Walton（1974），pp.484-485）

（井形（2011），pp.50-51）。それは，高利の三井後代への最も重要な貢献ともいえ，長子相続（pri mogenkure）のルールに反しても，その富を家族全体に広げることになった。そこには，優れた商慣行項目も含まれており，高利はビジネス洞察力とは継承される特性ではないことも認識していた（Cooney（1974））。同規定を通じて，三井家の事業はコントロールされ，一定のガバナンス機能が発揮されることになった（武田（1995），pp.92-93）。

　同族会は，家憲制定に先立つ1893（明治26）年に三井家全体の資産を統轄，管理する目的で，11家全員を加えて設置されたものである（星野（1968），p.425）。その上で，家憲によって同族会の行動が規定されることになった。

　同族会の重要な機能として，次の2つが示された（宮本・林武（2009）p.90）。

①各営業店定款の変更，事業の伸縮，興廃および営業の方針（第27条4項）

②各営業店の重役（外部経営者）の任免および賞与（同条5項）

　これらは，同族会の議決を必要とされた。そこでは，外部経営者の任免や報酬について出席者の過半数をもって決められ，事業の拡大・縮小や営業方針については出席者持分の過半数をもって決められる。このように同族会は，同族の意思を統一する三井家の最高意思決定機関として位置づけられる。

　各同族の行動は，同族会によって制限されることになる。三井家の営業資産と共同財産の所有形態は，同族11家の共同所有とされている。これらの同族財産の持分は，その出資額にかかわらず，総領家23％，5本家各11.5％，5連家各3.9％（第92条）とされていた。そのため，各同族には持分に応じて配当金を支払うが，持分の自由な処分権は与えられていない。この分割せずに同族各家の財産を一体のものにするという所有形態が「総有制」と呼ばれた。それは同族各家が個々に利益追求を図ることの抑制を意味していた（武田（1995），p.84）。

　すなわち，同族各家の財産は各自の利益追求の対象ではなくなったのである（橘川（1996））。これによって，同族各家が傘下の事業に介入することが抑制された。

　以上のように，三井家憲と同族会は，個々の同族の行動をある範囲内に押さえ込めることを可能にした。これによって同族の利己的行動を抑制するための

基本的なガバナンスの制度・システムが機能した。

②　持株会社の設立

1893（明治26）年に，中上川彦次郎の主導のもとに，三井家の資産を統轄，管理するために，上記の同族会（三井組大元方寄合と三井家仮評議会を統合したもの）と，その事務局として三井元方（三井組を改称したもの）が設立された。

同族会の下には，三井物産，三井鉱山，三井銀行，三井呉服店の直系会社が置かれていた（安岡（1998），p.374, p.378）。つまり，三井財閥の事業部門は同族会の下にあり，この同族会を三井家憲によって規定するのが，「三井家」ガバナンスの第一段階であった。

そして第二段階は，中上川の後，彼に代わって三井財閥の指導権を握った益田孝（三井物産専務理事）の改革によるものである。

1909（明治42）年から，益田は三井財閥の経営方針を転換するとともに機構改組を行った。その中心は，同族会事務局管理部（≡ 大元方）から事業部門を離して法人化し，同族11家を無限責任の出資社員とする三井合名会社（持株会社）を設立することにあった。

これにともない合名会社形態であった直系会社（三井銀行，三井物産，三井銀行の倉庫業）は，有限責任の株式会社に改組され，三井合名会社の傘下に組み入れられた。さらに2年後，1911（同44）年の三井鉱山が三井合名会社の直系会社に加えられることになった（松元（1979），p.34）（星野（1968），p.426）。

表 2 - 3　三井合名会社の役員人事（発足時）

業務執行社長	三井八郎右衛門
三井家のガバナンス担当 （業務執行社員社長）	三井八郎次郎，三井三郎助，三井高保
顧問	益田孝
参事	團琢磨，朝吹英二，波多野承五郎，有賀長文，小室三吉，三井守之助
理事（参事兼務）	有賀長文

（出所）宮本・林（2009），p.91より筆者作成。

表2－4　三井合名会社・社員（出資社員）の出資額と地位

氏名	出資額（千圓）	地位
三井高公	69,000	総本家
三井高長	34,500	本家
三井高遂	34,500	本家
三井高精	34,500	本家
三井高陽	34,500	本家
三井高修	34,500	本家
三井高素	11,700	連家
三井守之助	11,700	連家
三井高昶	11,700	連家
三井辯藏	11,700	連家
三井高光	11,700	連家
合計	300,000	

（出所）和田（1937），pp.133-134。

　三井合名の運営は，11家から選ばれた4名の業務執行社員によって行われた。同社の社員総会が最高意思決定機関となったのである。社員の責任は各社員の出資額に応じて分担することとなった。これによって，三井財閥の直系事業は同族家族全員が関与する同族会から，その代表が関与する三井合名に移されることになった。

　その後の同族会は，同族集団内部の家政上の問題について協議・決定する機関とされた（安岡編（1982），p.184）。

　かくして，三井家の事業経営と家政とは分離され，「持株会社としての三井合名会社」が設立された。これにより各直系会社に対する同族の直接の介入は排除された（武田（1995），p.138）。加えて，その機構改革は直系会社の外部経営者の主導の下に推進されることになった。

　このように，持株会社組織は，「所有」による直系会社経営に介入という，

同族行動を抑制できる仕組み制度となった。具体的には，同族を代表する4人の取締役と，事業部長を兼ねる7人の社内取締役（うち1人は同族）によって持株会社は構成された。そこでは，取締役会が経営の執行（直系会社の経営）をモニターするガバナンスのメカニズムが実現される。2010年から，コーポレートガバナンス研究において，「グループガバナンス」というテーマが注目されだした。これは，1社単独内部でのガバナンス機能を探求するのではなく，「グループ」等の名称で，連携する複数企業間で相互に影響を働かせ，1社単独ではなしえないガバナンス機能の成果を生み出すことが目指されるものである。財閥は，現在の企業グループとは性格が異なるものの，ガバナンスとしては固有の機能を有していたとも理解される。

　この意味で財閥本社は近代的なコーポレート・ガバナンスとして機能したと評価することができる（宮本・林，（2009），p.91）。

(2)　三井家規律システムの限界

　三井財閥は，当初から中核企業のみならず多くの傘下企業に11家からトップマネジメントの地位についていた。むろん，それは出資額によるためであり，とりわけその代表となる三井合名会社・社員の出資額からも明らかである（表2-4）。

　三井は，財閥というマネジメント体制のなかでガバナンス構造を備えたといえる。

　ここでは，三菱，住友という三井のライバル財閥との比較の上で，三井財閥の特徴について整理する。先行研究として，「所有者（財閥家族または同族）と雇われ専門経営者との関係」に着目した森川は，三井，住友，三菱の旧財閥を次の3つのタイプに分けている（森川（1980），pp.32-33）（宮本・林（2009），p.87，参考）。

　(a) 同族の主人は，家業の最高政策決定に関する実権を保有。
　　　（「所有と支配の一致」型）

（b）同族は，家業の経営に実質的に参与せず，最高政策決定の実権は専門
　　経営者に委譲。（「所有と支配の分離」型）

（c）同族と専門経営者が最高政策決定に関する実権を事実上「分有」し，
　　しかも両者の間の権限責任の区分が不分明。

　（「所有と支配の未分離」型）

　ここで森川らは，（a）タイプ＝三菱，（b）タイプ＝住友，（c）タイプ＝三
井が代表となると指摘している。

　（c）タイプの三井財閥は，同族が11家（総領家＋5本家＋5連家）あり，同
族同士の意思の調整が容易でなかった。加えて，同族は雇われ専門経営者によ
る直系会社の経営にしばしば介入したことが示される。それは，同族が最終的
な人事権を握ることによる介入とも理解される（宮本・林（2009），p.87）。

　例えば，同族と外部経営者の間の当時の対立・混乱状況については，三井の
専門経営者の一人・池田成彬の回顧談もある（森川（1980），pp.39-40）。

　当時，三井同族と外部経営者との権限関係に関する規定としては，「三井合
名会社営業規則」がある。その第12条からは，三井合名会社の実際の運営は参
事らによって行われていたと伺える。しかし，第6条によるとその参事への指
示者（令権者）はあくまでも三井11家の家長であったことが示されている（玉
城（1976），p.81）（宮本・林（2009），p.89）。

　三井財閥は，外部の専門経営者に直系会社の政策決定を一任していたが，他
の財閥（例えば，住友家）の家長のように，財閥本社のトップマネジメントの
権限を委譲する原則を取っていなかった。そのため，同族は外部の専門経営者
に政策の意思決定を一任する一方で，これに介入するという「不分明な関係」
もその特徴となっている（森川（1980），pp.38-39）。そのため，11家の意見調整
もさることながら（池田正彬伝記刊行会編（1949），p.223），とりわけ外部からの
財閥批判の防御と事業体としての存続を図るため，専門経営者による支配へと
「転向」させようとする池田正彬の努力も見られた（宇田川（2008），p.126）。

　これは同族家族と外部の専門経営者の力が「拮抗」している特徴ともいえる。

すなわち，三井は，江戸時代の「番頭経営」の継続という特性が，三菱・住友と比べても強かったと考えられる。そのため，三菱・住友のような外部の専門経営者に経営を完全に委託されない点が三井独自のガバナンス問題を生じさせることになる。

　この点は，三井財閥自体も課題と捉えていたと考えられる。同族が直系子会社の経営に介入する行動がもたらす弊害は存在する。それと同時に外部の専門経営者がステイクホルダーである三井家の諸利害を配慮しないという「（専門）経営者の自己裁量的行動」の弊害も存在した。この両者の弊害を調整し，コントロールすべき機能も，三井家同族と三井専門経営者の共同の責務であった。

(3)　三井専門経営者への規律システム

　同族外部から招き入れられた専門経営者は，必ずしも創業・所有者である同族の利益を最優先し，追求するとは限らない。むろん，ステイクホルダーとしての出資者・株主の意向に背かなくとも，自己利益の追求も行う場合もある。これを専門経営者の「裁量的行動」とする。近年，経営者の裁量的行動のコントロールは，同族家族とのエージェンシー関係の問題として現れている。

　専門経営者の「裁量的行動」は，財閥家族による「所有」機能によって統括・コントロールされない。そこでは，専門経営者のモチベーションを高めつつ，財閥家族との利害の一致を図らねばならない。

　すなわち，ここでは三井家への規律システムと，同時に専門経営者への規律システムとが両立・調整しうる制度・メカニズムが必要となる。

　三井財閥に関しては，そのような制度として次の 4 つが挙げられる（宮本・林（2009），p.92）。

　　　(1) 同族の人事権
　　　(2) 三井家憲
　　　(3) 主従関係に基づく相互信頼
　　　(4) 専門経営者への高額報酬

① 同族の人事権

三井財閥の直系会社の役員人事は，社長に同族代表が就き，取締役に外部経営者が就任する状況が一般的であった。この場合，同族は外部経営者に直系会社の経営を任せるものの，直系会社の所有は同族で占めることができた。それによって，同族は外部経営者の任免権と彼らへの報酬の決定権を掌握できた。そのため，所有関係から排除される外部経営者が，株主との利害の不一致から自己裁量的に行動する可能性も生じることになる（宮本・林（2009），p.92）。

それゆえに，外部経営者の行動を規定する意味でも「三井家憲」は有効であった。

② 三井家憲

三井家憲は，同族の守るべきこととともに，専門経営者の守るべきことについても規定している。各直系会社の取締役は，重役会を組織することとされている。三井家憲は，その目的を次のように規定している。

> 「各営業店ノ現況及ヒ事務ノ　取扱等ニ関シテ協議ヲ為サシメ，且各営業店ノ　間ニ於テ気脈ヲ通シ相互ニ不権衡ノコトナカラ　シムヘシ」（第60条）

つまり，直系会社の経営は外部経営者の独断によることを避け，直系会社間で意思の疎通を図り，重役会での意見の不一致がないことを求めている。

ただし，1904（明治37）年に重役会は廃止されている（宮本・林（2009），p.92）。

③ 主従関係に基づく相互信頼

江戸時代の大商家から成長した三井財閥は，外部経営者の雇用は雇主（同族）と主従関係の中に入ることと見なした。そのため，外部経営者は，営業成績に関わりなく「主従関係として雇用」として継続されていた（宮本・林（2009），p.92）（安岡（1998），p.138）。

そのため，経営者は業績達成に動機付けられ，業績悪化に対して解任の圧力をかけられることになった。そのため，相互の信頼を蓄積するためにも，専門経営者自身の中で裁量的行動を自重する意識が残り，一定のコントロールが生じていたと考えられる。

　江戸時代の商家にあっては，奉公人の圧倒的多数はふるい落とされ，最終的に選抜された者が番頭や支配人の地位につき，同時に主家によって業績達成の厳しいノルマが課せられたことが指摘されている（安岡・千本（1995））。

　三井財閥は，明治初期において，前近代の制度によって支えられつつ，近代的経営形態を模索せざるを得なかったと理解される。

④　専門経営者への高額報酬

　「同族の人事権」，「三井家憲」は，フォーマルな規範といえる。一方，「主従関係」はインフォーマルな規範といえる。両者だけでは，外部経営者の自己裁量的行動のすべてを抑制できない。近代的会社システムとしての財閥では，所有者と専門経営者の利害を一致させるインセンティブの制度が不可欠となった。それが外部経営者に対する高額報酬であった（宮本・林（2009），p.93）。

　中上川は，民間実業家の社会的地位が官吏より低く，質のよい人材が集まらないという状況を変革するために，給与を官吏より高くした。そして，彼が制定した三井銀行の使用人給与規則は，三井元方をはじめ，他の直系会社の給与規則のモデルとなった（石川（1982），p.165）。

　すなわち，専門経営者に対する高額報酬による利益配分によって，所有者との「利害の一致」が図られたのである。

(4)　三井専門経営者規律の限界

　三井財閥は，中上川以降，実務能力優先による多数の有能な専門経営者の登用を進めた。その主要な人材調達ルートとして次のものがあった（宮本・林（2009），p.94）。

　　　　　　（a）政界や財界の大物からの推薦や仲介による中途採用
　　　　　　（b）その他の中途採用
　　　　　　（c）新規学卒者の採用

　中上川は，三井銀行の再建と工業化政策を成功させるために，新たな人材登用を求めた。

表 2 − 5　三井財閥の専門経営者採用の3タイプ

タイプ（a）：政界や財界の大物からの推薦や仲介による中途採用

氏名	前歴・業績
中上川彦次郎	慶応義塾出身で，海外留学経験があったことから井上馨に推薦されて当時経営危機にあった三井銀行理事に就任した。
益田孝	井上馨などと共同で始めた事業会社を三井組が引き受けたことから，明治 9 年に設立された三井物産の初代社長に就任し，明治34年に中上川死去後，三井財閥の全権を掌握した（武田（1995），p.69）

タイプ（b）その他の中途採用

氏名	前歴・業績
三野村利左衛門	三井家に番頭として中途採用され，三井家が幕末から明治維新の動乱期を乗り切るのに大きく貢献し，後に三井銀行総長代理副長にまで昇進した（武田（1995），pp.15-16）。
團琢磨	三井財閥の指導者・益田孝によって，1888（明治21）年，MIT鉱山学科卒業後に雇用される。払い下げを受けたばかりの三池炭鉱の経営に当たった。1914（大正 3 ）年に益田が引退するとき，その後継者として，三井合名会社理事長に抜擢された（石井（1982），pp.215-216）。

タイプ（c）新規学卒者の採用：中上川彦次郎の時代に三井銀行に入行した主な人物

	出身学校	三井銀行入行前の履歴	銀行入行年	後に主に活躍した企業
津田興一	慶応義塾	教員・新聞記者	1892年	富岡製糸所（所長）
村上定	〃	新聞記者・山陽鉄道	〃	共同火災保険（専務）
藤山雷大	〃	県会議員	〃	大日本製糖（社長）
小林一三	〃	新卒入行	〃	阪急電鉄（社長），東宝（社長），商工相
野口寅次郎	〃	新聞記者	〃	大嶹製糸所（所長）
和田豊治	〃	日本郵船	1893年	富士瓦斯紡績（社長）
武藤山治	〃	広告取次・新聞記者	〃	鐘淵紡績（社長）

波多野 承五郎	〃	外交官・新聞記者	1894年	三井銀行（理事）, 東神倉庫（取締役）
鈴木梅四郎	〃	新聞記者	〃	王子製紙（専務）
柳荘太郎	〃	新聞記者	〃	新町絹糸紡績所（所長）
小出収	〃	新聞記者・山陽鉄道	〃	名古屋製糸所（所長）
矢田績	〃	新聞記者・山陽鉄道	1895年	三井銀行（監査役）
池田成彬	慶応義塾 ハーバード 大学	新聞記者	〃	三井銀行（常務）, 三井合名（常務）, 日銀総裁, 蔵相 （宇田川・中村（1999））
藤原銀次郎	慶応義塾	新聞記者	〃	三井物産（社長）, 王子製紙（社長）, 商工相
平賀敏	〃	教員・役人	1896年	藤本ビルブローカー（社長）, 阪急電鉄（社長）
日比翁助	〃	商店支配人	〃	三越（専務）
林健	帝国大学	新聞記者	〃	三井銀行（取締役）, 東神倉庫（取締役）

（注）池田成彬は1888年に慶応義塾別科を卒業し，同理財科に入学したが，中途退学し，
　　　ハーバード大学に留学した。
（出所）・宮本・林（2009），p.94より筆者作成。
　　　　・宇田川（2006），pp.14-15。

　そこには，三井家内部の番頭出身者に求めることはできなかった。中上川は，
新たなマネジメント人材を高等教育機関，特に自身の後輩である慶應義塾の出
身者に求め，彼らを厚遇することになった（宇田川（2006），p.15）。

　このように，三井財閥は高学歴者の採用を積極的に進めた。これは三井だけ
ではなく，日本の財閥に共通した行動である。だが，とりわけ三井では実務能
力を優先し，かつ中途採用を積極的に行った。財閥家族との拮抗しうる背後に
は，このような高学歴かつ中途採用の外部経営者の登用が求められた。これら
の人材は，後に三井財閥のその後の機構改革を推進した。

　この意味で，「実務優先の外部経営者の登用」が三井財閥のコーポレート・

ガバナンスの支えとなった（宮本・林（2009），p.95）。

　しかし，阪急電鉄の社長を務めた小林一三のケースにも見られるように，必ずしも三井財閥にとどまらず，外部へ転出する人材も見られるようになる。また，ガバナンスという観点からすれば，「三井家という閥」に対抗・拮抗するうえで専門経営者側にも血縁ではない「閥」が形成されてきたとも推察される。その初期には，破格の報酬もありその多くの専門経営者にとってはモチベーションとなったといえる。しかし，戦後，大学・高校等からの新卒社員の給与水準には差がなくなり，また当然，三井以外にも多くの高賃金を得られる諸事業機関が多くの産業分野で生じた。当然，三井を選ぶことは特定の大学卒業生にとっても多くの選択肢からの一つの選択となり，採用側からすれば「より限定された人材」からの採用とならざるを得なかった。

　そのため，明治以降の新卒者採用観点は，三井そのものの発展にとって利点ではなく，問題点となったとも推察される。三井は，財閥形成時より同業・異業他社にも影響する「普遍的ビジネスモデル」をつくり上げた専門経営者を輩出した。しかしながら，歴代専門経営者の「閥（主に学閥）」も同時に形成することになったとも考えられるからである。

　この点では，三井専門経営者規律の限界があると理解できる。

むすび

　第二次世界大戦後，財閥指定時の三井財閥には，持株会社三井本社の下に直系会社10社，準直系会社12社，関係会社209社を擁していた（宇田川（2006），pp.17-18）。

　戦後，三井，三菱，住友，芙蓉，三和，第一勧業という六大コンツェルンという，事実上持ち株会社を中核銀行に置き換え，「財閥」的な企業グループの牽引によって日本経済は発展した。ただ，その中で三菱，住友が総売上高等の経済指標では1970年代まで常に上位を示していた。三井は，他の3グループと共にその後塵を拝した。

　その理由として，もとより三井には多くの人材を輩出してきたが，慶応大学卒業者もしくは海外留学経験者の比率が他と比べて著しい特徴がみられたが，ある意味「限られた分野からの人材登用」に要因があったとも理解できる。さらに，江戸期の越後屋呉服店に見られるような著しいイノベーションも見られなくなった。

　1876（明治9）年7月に，私盟会社三井銀行が創立された（1909年に資本金2,000万円で株式会社に改組。その後，合併等で，太陽神戸三井銀行，さくら銀行と商号変更）。一方，1895（明治28）年11月，個人経営として住友銀行が創業された（1912年資本金1,500万円で株式会社住友銀行として設立）。両行は，その後いくつかの合併等を経て，2001（平成13）年4月，さくら銀行と住友銀行が合併し株式会社三井住友銀行（SMBC）となる（資本金1兆2,767億円）。さらに，2002年12月に株式移転により完全親会社である株式会社三井住友フィナンシャルグループ（SMFG）を設立し，その完全子会社となる（「三井住友銀行」（2021））。しかし，三井は金融部門を住友と統合したわけで，グループとしては存続している。

　さらに，2008年4月1日に，株式会社三越は株式会社伊勢丹と共同株式移転を行い，共同の持株会社・株式会社三越伊勢丹ホールディングスを設立し，経営統合している。さらに，2011年4月1日に三越は伊勢丹を吸収合併し，同時に「株式会社三越伊勢丹」に商号変更した（「株式会社三越伊勢丹」（2021））。同様に，三越は実情としては伊勢丹を吸収する形で存続している。

　三越は，自ら発したデパートメント宣言以降，三井財閥・グループ内で独立したイメージを持っている。しかし，2020年から始まるほぼ全業種に災厄をもたらしたコロナ禍は，両者に差し迫る課題打破のためにも，新たな「インターフェイス」の時代を迎えるとも推察される。それは，三越・三井両者において100年以上培ってきたイノベーションの創発に具体化されるものといえる。

第3章　三井呉服店のビジネス・イノベーション

第1節　デパートメントストア宣言する以前の高橋義雄による
　　　　ビジネス・イノベーション

　本章の目的は，三井呉服店[1]や百貨店の成立プロセスにおいて活躍した2人の登場人物のビジョンや戦略について考察することである。高橋義雄，日比翁助という2人の経営陣に注目することによって，三井呉服店から三越呉服店（百貨店）へ移行するプロセスを検討していくことにしよう。

　三井越後屋は，1673（延宝元）年，三井高利が江戸本町一丁目に呉服店を開業したことに始まる。正札現金掛値なし，店前売り，切売，買宿制度といったさまざまなイノベーションを仕掛け，江戸時代を代表する大店となる（武居（2014），p.4；武居（2015），pp.36-39）。ところが1872（明治5）年3月，呉服店経営は岐路に立たされる。呉服店の経営不振を理由に，三井大元方から切り離されることになるのだ。とは言うものの実質的には「右ニ付，呉服店之処親類三越之持与して，屋号其侭暖簾印之儀者井桁三文字ヲ除ク之外何印ニ而茂相用ヒ，苗字三越等為相名乗，表向三井家相放レ（中略）表者離レ内輪者不離レ之御趣意夫々委細ニ被仰聞，至極御尤之御儀ニ奉存候」（三井文庫編（2015），p.52）とあり，三井大元方と密かに結びついており，完全に切り離された存在ではなかった。

　この関係に変化が訪れるのが，1895（明治28）年8月のことで，呉服店が三井大元方の傘下に再び入ることになった。社長に三井源右衛門，相談役に益田孝，中上川彦次郎，理事に高橋義雄（写真3-1）が就任し，令第1号が発出された（写真3-2）。なかでも，三井財閥の呉服部門の責任者として尽力したのが高橋義雄であり，現場で陣頭指揮し，それまでの呉服店とは異なる戦略を

矢継ぎ早に打ち出していった。日比翁助は，1898（明治31）年9月，副支配人に就任するが，高橋義雄を中心として三井呉服店のマネジメントは担われていくことになる。この時期の三井呉服店のイノベーションは，高橋義雄を中心としてなされたわけである。次に，この高橋義雄の仕掛けた5点のイノベーションについてみていこう。

写真3－1　高橋義雄

〈史料提供〉株式会社三越伊勢丹。

　まず第1に，社名と商号を統一したことである（史料3－1）。1872（明治5）年，三井大元方から独立した結果，呉服店の名が，越後屋，三井呉服店，越後屋三井呉服店という混在した状態が続き，顧客に対して明確に店名をアピールできないという弊害が生じていた。そこで，社名は三井呉服店に，商号は「丸に井桁三」（写真3－3）に変更・統一した。この社名や商号をみると，三井財閥の色彩を濃くした名称・商号に変更していることがわかる。これにより，三

越が三井財閥の構成員である，ということをアピールする狙いがあったと言えよう。

写真3-2　令第1号

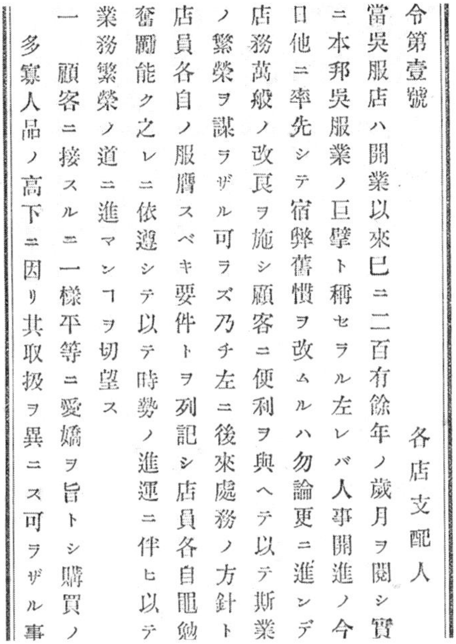

令第壹號

各店支配人

當呉服店ハ開業以來巳ニ二百有餘年ノ歳月ヲ閲シ寶
ニ本邦呉服業ノ巨擘ト稱セラレバ人事開進ノ今
日他ニ率先シテ宿弊舊慣ヲ改ムルハ勿論更ニ進ンデ
店務萬般ノ改良ヲ施シ顧客ニ便利ヲ與ヘテ以テ斯業
ノ繁榮ヲ謀ラザル可ラズ乃チ左ニ後來處務ノ方針ト
店員各自ノ服膺スベキ要件ト列記シ店員各自勉
奮勵能ク之レニ依遵シテ以テ時勢ノ進運ニ伴ヒ以テ
業務繁榮ノ道ニ進マンコヲ切望ス
一顧客ニ接スルニ一様平等ニ愛嬌ヲ旨トシ購買ノ
多寡人品ノ高下ニ因リ共取扱ヲ異ニス可ラザル事

〈史料提供〉公益財団法人三井文庫。

史料3-1

家号廃止及印シ変更伺ノ件

越後屋ナル家号ハ久敷用キ来リ候得共東京市中越後屋ト称スル商店其数甚タ
多キフ以テ種々ノ不利益有之様被考候仮令ハ営業上緊要ナル件ヲ新聞紙ニ広
告シ或ハ引札其他ノ印刷物ニ記載スルニ必ス越後屋三井呉服店ト併記セサレ
ハ明瞭ナラス巳ニ之ヲ併記スルトキハゑちごやト記憶スル者，三井呉服店ト
記憶スル者或ハゑちごや三井呉服店ト記憶スル者可有之ニ付一商店ニシテ恰
モ三個ノ名義ヲ有スルノ状態ナレハ人々々之ヲ記憶ニ存スルコト薄弱ナルニ
ヨリ遂ニ行違ヒヲ生シ郵便電話等ノ通信上錯誤ヲ来タス等ノ不利益有之候又
群集ノ中ニ在リテゑちごやニテハ斯々ナリト談話ヲ為ス者アルモ傍ニ在リテ

48

之ヲ聴クモノ何処ノ越後屋ナルヤヲ識別スル﹇能ハサルモノモ可有之候然ル
ニ三井呉服店ニテ云々ト談スルトキハ傍ニ在リテ聴ク者皆直ニ本店ナルコト
ヲ承知可致世間ノ評判ハ其前後左右ニ在ル人ニ対シ有益ニシテ且ツ間断ナキ
当時ノ広告ニ御座候処前述ノ如ク各義ノ明瞭ヲ闕キ候為メ此有益ナル広告ノ
効能ヲ滅却セシムルコト甚遺憾ニ存候就テハ家号ヲ廃シテ単ニ三井呉服店ト
称シ従テ㊤ナル印モ別紙記載ノ通リ相改メ度候ニ付御詮議ノ上御認可被成
下度此段奉願上候也

　　　明治二十九年四月六日

　　　　　　　　　　　　　　　　　　　　合名会社三井呉服店
　　　　　　　　　　　　　　　　　　　　　社長三井源右衛門
　　　三井元方
　　　　総長三井八郎右衛門殿

写真3－3　丸に井桁三のマーク

〈史料提供〉公益財団法人三井文庫。
（「呉服店提出回議」（明治二十九年上半季）三井文庫蔵　追1786）。

　なお両者の関係は，史料3－2からも伺える。史料3－2は，1898（明治
31）年10月の社員会で決議された「合名会社三井呉服店契約」の一部である。
これをみると，三井家で社員が構成されていて，三井財閥に組み込まれた中
での三越の活動となっていることが理解できる。そのため，三井呉服店は三
井財閥の指揮監督の下での経営活動となった。

史料 3 - 2

第一條　当会社ハ合名会社ノ法制ニ従ヒ之ヲ組織ス

第二條　当会社ハ合名会社三井呉服店ト称ス

第七條　当会社ハ三井八郎右衛門，三井元之助，三井源右衛門，三井高保，三井八郎次郎，三井三郎助，三井復太郎，三井守之助，三井武之助，三井養之助，三井得右衛門ヲ以テ社員トス

第十條　社員ハ何時ニテモ業務ノ実況ヲ監視シ当会社ノ帳簿其他ノ書類ヲ検査シ営業ニ関シテ意見ヲ述フルコトヲ得

　（『合名会社三井呉服店現行條規類集』（三井文庫蔵　A091-8））

　第 2 の取り組みとして，組織のイノベーションがある。「三井呉服店本店職務章程」（写真 3 - 4 ）によれば，「呉服店本店ノ事務ヲ処理スル為メ支配人秘書記及左ノ八係ヲ置キ社長之ヲ統轄ス（後略）」（第一條）（「三井呉服店本店職務章程」（三井文庫蔵　A091-1）），「支配人係長及ビ主任ハ主管ノ事務ニ付一切ノ責ニ任ズ」（第四條）（「三井呉服店本店職務章程」（三井文庫蔵　A091-1）），「支配人ハ計算係仕入係帳場係誂物係出納係売場係庶務係及ビ洋服係ヲ指揮シテ本店営業ノ任務ニ当ルモノトス」（第九條）（「三井呉服店本店職務章程」（三井文庫蔵　A091-1））とあり，社長の下に支配人が配され，支配人の下に各係が配されるという，上意下達の集権的組織が構築されていることを確認できる。すなわち，組織の大規模化に対応して，指揮命令系統が明確化され，業務分担が図られたことが理解しうる。

　また，「本社使用人タルモノハ得意先ノ身元挙動ニ注目シ又時好ノ変遷ニ注意シテ所考アレバ直ニ支配人ニ申出デ支配人ハ又直ニ社長及ビ各店支配人ニ内報スベシ」（第七條）（「三井呉服店本店職務章程」（三井文庫蔵　A091-1）），「少金額ニテモ尋常ナラザル取引及ビ契約ヲ為ス事等ハ総テ社長へ経伺スベシ」（第十一條）（「三井呉服店本店職務章程」（三井文庫蔵　A091-1））とあることから，現場の情報を社長に報告したり，支配人同士で情報共有される仕組みが構築されていることが理解される。

そして，業務分担を明確にすることから，8つの係が設置された（表3－1）。これによって，業務の効率化と煩雑さが軽減される組織形態になった。つまり組織の大規模化に対応して，指揮命令系統が明確化され業務分担が図られたわけである。その結果，組織革新能力が組織内に蓄積されることになる。

第3に，1898（明治31）年2月，三井商店理事会で可決された史料3－3によると，小売ビジネスの拡大に力を入れ，海外における仕入れの拡大に乗り出している。三井呉服店の仕入先を清国織物地蘇州杭州といった海外にも求めて仕入先の多様化を図っており，三井呉服店での取扱商品の拡大を図ることで，小売ビジネスをさらに拡大しようとしていることが指摘できる。

写真3－4　「三井呉服店本店職務章程」

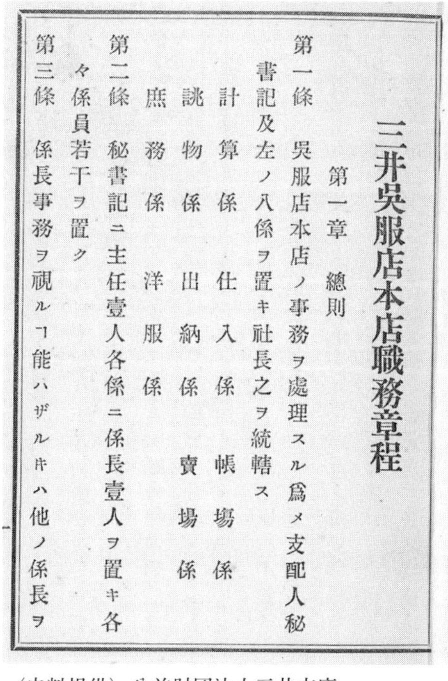

三井呉服店本店職務章程

第一章　總則

第一條　呉服店本店ノ事務ヲ處理スル爲メ支配人秘書記及左ノ八係ヲ置キ社長之ヲ統轄ス

計算係　仕入係　帳塲係

庶務係　出納係　賣場係

誂物係　洋服係

第二條　秘書記ニ主任壹人各係ニ係長壹人ヲ置キ各々係員若干ヲ置ク

第三條　係長事務ヲ視ルコ能ハザルトキハ他ノ係長ヲ

〈史料提供〉公益財団法人三井文庫。

表 3 - 1　三井呉服店における係とその業務

計算係	当社ノ計算書、財産目録、貸借対照表ヲ製シ総勘定決算ヲ為ス事
	諸統計表報告表ヲ製シ何時ニテモ一目シテ或ル店又ハ全社ノ実況ヲ知ルノ準備ヲ為ス事
	元帳簿記ノ事
	本店諸帳簿ノ調査取締ノ事
	各支店出張所ノ計表類調査ノ事
仕入係	絹綿布洋服地真綿繰綿ノ仕入ヲ為ス事
	仕入注文ヲ為ストキハ其物品地柄見本ヲ添ヘ支配人ヲ経テ社長ノ認可ヲ受クベシ
帳場係	商品ノ出入ヲ精査シ之ヲ記帳スル事
	得意先売掛代金ノ徴収ヲ為ス事
誂物係	得意先ノ注文ヲ受ケ染繍裁縫等期日ヲ違ヘズ精確ニ処辨スル事
出納係	現金ノ収蔵及ビ出納ニ関スル事
売場係	懇切ニ得意先ヲ取扱ヒ又時好ノ変遷ヲ予察シ機敏ニ商品売捌ヲ為ス事
庶務係	備丁取締ノ事
	本店所用ノ建物器具保管取締ノ事
	使用人ノ給料旅費等渡方取扱ノ事
	需用品購買貯蔵及ビ供給ノ事
	店内取締ノ事
洋服係	洋服裁縫ニ関スル一切ノ事
	洋服地売捌ノ事

（出所）「三井呉服店本店職務章程」（三井文庫蔵　A091-1）より作成。

史料 3 - 3

一，清国織物地蘇州杭州ヲ視察ノ件　　　　　　　　　　　　　　可決

　　当呉服店ハ単ニ日本製ノ織物ヲ販売スルニ止ラス外国織物ヲモ併セテ取

　　扱ヒタキ考案ノ処本年ハ夏物仕入モ已ニ片付此処少閑ヲ得タルニ付先ツ

　　清国織物地方蘇州杭州ニ出張シ適当ニ輸入スヘキモノアラハ之ヲ買入レ

　　若クハ従来注文ノ相談ヲ遂ケ旁々該地機業全般ノ状況ヲ視察致度就テハ

　　来三月初旬ヨリ店員山岡才次郎ヲ伴ヒ往復四週間ノ見込ヲ以テ高橋理事

　　出張ノ義認可相成度⎾

（「三井商店理事会議事録」（三井文庫蔵　追1856））

その成果は，『氷面鏡』に「三井呉服店にては内外織物類一切を販売し手広

く営業することなれば，浴衣地裏地其他何物にても，御注文に依りては，数十百反を揃へて御需に応ずべく，又仮令一銭二銭の買物を為らるゝ時にも，之に応接して更に手数とも面倒とも思はざるのみならず，手拭地，下帯地の切売などは店の繁昌冥加の為利益をも収めずして安売するを例とす」（『氷面鏡』（三井文庫蔵　A091-10））とあり，海外の輸入品の取り扱いが，三井呉服店の特色の一つになっていることは注目に値する。

　第4に，卸売ビジネスへの取り組みをあげることができる。「卸売ノ端緒ヲ開クノ事」（1899（明治32）年8月3日秘第百六十三号抜萃）によると，卸売業務の方針を打ち出している（史料3－4）。卸売ビジネスゆえ，大ロット取引になっていることが理解される。

史料 3 － 4

　卸売ノ端緒ヲ開ク為メ予メ左ノ方法ヲ設ケ置キ呉服商人ヨリ申込ミアリタルトキ直ニ之ニ応スルコトハ当店本来ノ取引上ニ害ヲ及ホスノ恐ナキカ故ニ之ヲ実行スヘシ

卸売方法

（1）　一回毎ニ取引額ニ対スル歩引ノ割合

三百円以上　　絹　　三歩

　　　　　　　木綿　一歩五厘

五百円以上　　絹　　四歩

　　　　　　　木綿　二歩

千円以上　　　絹　　五歩

　　　　　　　木綿　二歩五厘

二千円以上　　絹　　六歩

　　　　　　　木綿　三歩

三千円以上　　絹　　七歩

　　　　　　　木綿　三歩五厘

（2）　一ケ年間ヲ通シ其取引合計金額ニ対スル歩引ノ割合

千円以上	絹	四歩
	木綿	二歩
二千円以上	絹	五歩
	木綿	二歩五厘
五千円以上	絹	六歩
	木綿	三歩
一万円以上	絹	八歩
	木綿	四歩
二万円以上	絹	一割
	木綿	五歩

（3）　一ケ年ヲ通計シタル総額ニ対シテ歩引ヲ為ス場合ニ当リ其金千円ニ満タサルトキハ毎回歩引法（1）ニ準シ其該当セル歩割ヲ半減スル事

（4）　買戻シ品取換ヲ為サヽル事

（5）　運搬費其他ノ諸雑費ハ先方持ノ事

（『合名会社三井呉服店現行條規類集』（三井文庫蔵　A091-8））

そして1898（明治31）年10月，輸出のために横浜出張所を，1899（明治32）年11月，買い付けのために福井出張所をそれぞれ開設した（三越本社編（2005），pp.35-38）。

1899（明治32）年 9 月，史料 3 － 5 にみられるように，「福井出張所業務取扱心得ノ件」が令として発出されている。史料 3 － 5 から，福井出張所は，羽二重，その他絹織物，生糸の買付期間であることが認識できる。

史料 3 － 5

　福井出張所ハ当店営業規則ノ規定スル所ニ従ヒ其業務ヲ取扱フヘキコト勿論ナリト雖ドモ左記ノ條項ハ特ニ留意服膺スヘシ

一、福井出張所ハ左ノ事項ヲ取扱フモノトス

一、羽二重其他類似ノ絹織物ヲ買入ルゝ事

一、羽二重ノ原料タル生糸ヲ買入又ハ売渡ス事

一、各地製糸家ノ寄託ヲ受ケテ生糸ヲ機業家又ハ商人ニ取次販売スル事

一、商人又ハ機業家ノ所望ニ応シ生糸又ハ羽二重ヲ預リテ之ニ金融ヲ與フ
ル事

一、所長ハ左ノ事項ヲ施行スルニ当リテ必ス先ツ本部ノ認可ヲ受クヘシ

一、注文ナキニ見込ヲ以テ羽二重又ハ原料生糸ヲ買入レントスルトキ

一、三千円以上ノ原料生糸ヲ売渡サントスルトキ

一、千円以上ノ原料生糸又ハ羽二重ニ対シテ貸金セントスルトキ

一、金額ノ多少ニ拘ラス異例ノ取扱ヲ為サントスルトキ

一、所長ハ予メ寄託品ニ対スル貸金ノ歩合ヲ定メテ本部ノ許可ヲ受ケ置クヘ
シ其歩合ヲ変更スル時モ亦伺出ヲ要ス

一、所長ハ営業規則ノ定ムル所ニ従テ業務ノ報告ヲ為スノ外商況及相場ノ変
動ニ関シ日々本部ヘ報道スヘシ

明治三十二年九月三十日

社長　三井源右衛門

（『合名会社三井呉服店現行條規類集』（三井文庫蔵　A091-8））

ところが，ほどなく1901（明治34）年3月，横浜出張所・福井出張所は閉鎖
されることになった。

また，1899（明治32）年9月，三井商店理事会に提出された史料3－6によ
ると，日本絹綿織物の卸売業務を中国で開始するとある。そのためにまず，派
出員を派遣して視察することから始め，長期的には商品陳列店，支店の設置も
視野に入れるとしている。国内にとどまらず，広域的な卸売ビジネスへの進出
を決断していることが指摘できる。

史料3-6

一，支那各地ニ日本絹綿織物卸売業開始ノ件

当店義従来ノ小売業ニ安ンセス進ンテ卸売業ヲ開発致サントスルノ一義ハ疾クニ御認許相成リ居ルコト有之福井羽二重輸出ノ如キモ今巳ニ着手中ニ有之然ルニ内地向キノ卸売業ハ何レモ規模狭小ニシテ前途ノ発達モ大抵推シ側ラルヽコトニ有之ニ付当初創業ノ困難ハ申ス迄モナキコトナレドモ先ツ我カ絹綿織物ヲ支那各地ニ輸出スルノ一事ヲ挙行致度其方法ハ

一，支那向キ絹綿織物見本ヲ取リ集メ注文聞キ旁景況視察ノ為メ店員ヲ支那各地ニ派出スルコト

一，右視察員ノ報告ニ依リ最適当ト信スル織物ヲ調製シ一方ニハ上海ニ中央商品陳列店ヲ設ケテ之ニ商品ヲ備ヘ置キ且ツ之ヲ本陣トシテ随時店員ヲ各地ニ派出シ以テ其売弘メニ従事スルコト

一，卸売ノ地区ハ支那全国ノ外香港台湾南洋諸島ヲ含蓄スルコト

一，必要ノ場合ニハ上海以外ノ各地ニ支店ヲ設置スルコト

右ノ方法ヲ以テ漸次進行仕度勿論一二年ニシテ必ス奏効ス可シトモ思ハレス随テ之カ為メ多少ノ創業損失モ可有之ト存スレドモ一朝其成績ヲ見ルニ至レハ或ハ当店ノ事業ト相成ルヘキ欵トモ存セラルヽニ依リ御認許相成度コト

本案ハ商品陳列店及ヒ支店設置等ハ暫ク措キ差当リ派出員ヲシテ実況ヲ視察セシムルコトニ決議ス

（「三井商店理事会議事録」（三井文庫蔵　追1859））

　これら卸売業務の経験は，三井呉服店内に蓄積されることになる。また後述する通り，三井越後屋時代から継承されていた買宿制度のノウハウも，百貨店化した後においても継承されることになる。

　第5は，1896（明治29）年7月から，高橋義雄が東北，北越の産地視察に赴いていることに関連している。産地に対して高橋義雄自らがデザインや柄について生産者に指示を出し，生産へ積極的に関与していった。この時の経験により，生産者との共同革新能力が蓄積されることになる。

　生産への関与は，こればかりでなかった。1899（明治32）年1月，支配人会議で決議された「紅絹及花色裏地改良ノ件」によると，職先染方の監督，紅絹ならびに花色商品の研究・製造といった業務を担うことが明記されている（史料3－7）。紅絹や花色の生産業務を手掛けたことは，生産や生産技術に関するノウハウを三井呉服店内に蓄積することになった。

史料3－7

一，絹ヲ枯ラシ置クコト必要ナルヲ以テ一ケ年ノ裏地絹仕入高総数三分ノ一ヲ余分ニ仕入レ順次来期ノ分ヲ今期ニ染メ枯ラシ置ク事

一，職先ニ染方ノ注意ヲナシ十分ニ監督スル事

一，絹ヲ買入ルゝ時其質ヲ撰ム事

一，紅絹仕入高総数ノ中其百分ノ五丈ケヲ本紅絹（福島絹）トナス事

一，紅絹及花色共現今市上ニ販売スルモノヨリモ尚一層堅牢ニシテ脱色セサ

新聞広告3－1　三越本店仮営業所の開設にあたり新柄陳列会の広告

（出所）『東京朝日新聞』明治41年1月30日付。（版面に収めるため二段に分けて掲載した。）

　　　ルモノヲ研究シテ作ル事

（『合名会社三井呉服店現行條規類集』（三井文庫蔵　A091-8））

　産地に積極的に関与した結果，『三井呉服店御案内書』に，「三井呉服店では，毎年春と秋との二季に店の内で新柄陳列会と云ふを開きまして，諸国の織元から色々新工風を致しました，珍らしき新奇な織物染物を陳列して御覧に入れます，之れは調度博覧会同様のもので御座います，なれど御客様の御望みの品を即座に売渡しますので一層御便利で御座います」（『三井呉服店御案内書』（三井文庫蔵　A091-20））とあり，新柄陳列会が三井呉服店の特徴の一つとなっている。生産分野への関与の成果が，あらわれていると言えるだろう。

　そして，新聞広告3－1では，1908（明治41）年4月に三越本店仮営業所を開設するにあたり，新柄陳列会について大きくアピールしていることが指摘できる。

弘く内國の呉服
新柄物を歓迎す

三越呉服店が二百年來の老舗を以てして，夙に改良發展の主義を以て行はれ，益々店内の設備を一新し業務を擴張し，尚は店舗を陳列式に改め，愈々新柄を起し所謂斯業の大革命を斷行したるの結果，今や我國流行の源泉，呉服業者の泰斗を以て目せらるゝに至れるは江湖の諒知せらるゝ所なるべし。

當店已に流行の源泉と稱せらるゝ，内國の染織業者と相提携して偏に其製品の粋を蒐むる可からず，又已に同業者の泰斗と稱せらるゝ，自家の利害のみに拘泥すべからず，須く天下の公益を念ひ爾來例年春秋の二季に店内に新柄陳列會なるものを催し，平明治卅三年創めて店内開會の制を定め，著名なる名地の染織家を勸誘して之を萬衆の前に展列して其公明なる批判を乞ひ，兼て其購求に應じたるに，新製品の出陳を促し，其効果空しからず次を重ぬるに從ひ，出品者は益其製作の妙技を競ひ都鄙の顧客店頭を歷するの盛況を呈し，毎回其成績を上進するに至れるは亦天下の公節に明らかなる所なり。

願に晩近染織に關する意匠技術頗る長足の進步を來

　このように，高橋義雄は大規模組織によるマネジメントに力を入れながら，海外も視野に入れた複合ビジネスに手腕を発揮したのである。

　こうした中，１つの転機が訪れる。益田専務理事が，その後の三越について２つの方向性を打ち出したからだ。1902（明治35）年６月，管理部会において，益田専務理事が発議した史料３－８によると，その後について，２つの方向性が示されている。ここで驚かされるのは，呉服店について，売却案がでていることである。すなわち，三越はすぐさま呉服店から百貨店になったのではなく，ある時期に呉服店ビジネスにおける今後のあり方について，２つの選択肢が与えられたのである。そうした中から，小売ビジネスが選択されていった。加えて，マネジメントの近代化も同時に模索する過程にあり，三越において，呉服店の起死回生策として浮上したのが百貨店であった。

史料３－８

益田専務理事発議

一，三井呉服店ニ関スル件

高橋呉服店理事ヨリ呉服店ニ関シ

　　第一，断然呉服店ヲ売却スル﹁

　　第二，店舗ヲ改装シテ拡張ヲ謀ル﹁

此ニ案ニ就キ何レカ至急御指定ヲ乞ヒ度現状維持ハ断シテ不可ト存ス云々ノ書面提出有之当管理部ニ於テモ既ニ漸次呉服店ノ取調ベニ着手シ意見ヲ定ムル見込ナリシ就テハ至急調査何レニカ決定スヘキモ差当リ呉服店ハ三井家祖先ノ創業ニ係リ其縁因モ深キコト故利益ノ多少ハ別トシテ人ニ譲ルト云フ﹁ハ忍ハレ難キ様御思召アランカノ如ク曽テ御同族ニ伺ヒタル﹁モナク期セズシテ皆何トナク感シ居リシカ此際ハ御同族方ニ於テ篤ト御勘考下サレ仮令祖先ノ創メタル業ニテモ世ノ変遷ニ従ヒ三井トシテ営業スルノ価値ナキモノトシ他ニ譲ルトカ或ハ迄継続シ着々改良シ来リタルヲ以テ猶拡張シテ営業スルトカ寄リ寄リ御打合セ下サレ御方針決定相成度云々陳シ朝吹理事ハ右高橋理事ヨリ書面ヲ差出シタルハ此頃東京市区改正委員ニ於テ京橋ヨリ万世橋

迄道路改正ニ着手ノ議アリ実行ノ暁ニハ呉服店側七間通リ取リ掃ハルヽニ付
其前是非トモ今後ノ御見込御決定ノ必要アルヨリ急ニ書面ヲ差出シタル次第
ナリト述べ同族会議長ヨリ拡張スルトハ如何スルカトノ問ニ益田理事答ヘテ
世人追々時間ヲ重ンジ来リ是迄通リノ売方ニテハ買取リ方面倒ナルヨリ勧工
場流行スル所以其ノ顧客ニ便利ナルハ一目シテ好ム品ヲ求ムルノ便アリ今ノ
呉服店モ其意ヲ察シ同業者ニ先ンジテ陳列所ヲ設ケ着々新案ヲ出セシモ其店
ハ継キ足シ間ニ合セ来リタルニ依リ光線ハ充分ナラス高低曲屈不便少ナカラ
ス随テ監督上不都合多キノミナラス顧客ニモ不便ナレハ現状ノ侭拡張ヲ謀ラ
ントスルモ最早如何トモスル能ハサル境遇ニ立至リ猶駿河町連合建築家屋出
来セシ暁今ノ侭ニテハ見素ボラシクト共々前記ノ不都合モ有之且市区ノ改正
ノ結果縮メラルヽ丁故其前改築ノ必要アリ又大阪支店モ本店同様ノ次第ニ付
改築セサルベカラス尤モ拡張ト申シテモ家屋ノ建築ノミニアラサレドモ先ツ
三井ニ於テ小売呉服ノ模範ヲ垂ルヽトセバ家屋改良ノ必要アリ次テ陳列品ノ
配置方，物品配達ノ改良等種々可有之委細ハ追テ取調ノ上可申述モ調査ノ都
合有之候ヘハ先ツ御同族ノ御意向御決定アリ度云々陳述アリ

（「管理部会議別録」（三井文庫蔵　追1933）

第2節　デパートメントストア宣言した後の日比翁助の戦略

　1904（明治37）年12月，株式会社三越呉服店が設立され，日比翁助（写真3－5）が，専務取締役に就任した。日比翁助は，1913（大正2）年7月に会長となり，1915（大正4）年7月会長を退任するまでその手腕を振るうことになった。一方の高橋義雄は，1904（明治37）年12月取締役に就任し，1906（明治39）年1月退任することになり，デパートメントストア宣言以降の百貨店化を実現させていったのは日比翁助であった。

写真3－5　　日比翁助

〈史料提供〉株式会社三越伊勢丹。

　そして，新聞広告において，デパートメントストア宣言が発信されることになる（写真3－6）。この写真3－6で注目されるのは，次の5点である。

写真3－6　三越のデパートメントストア宣言の広告

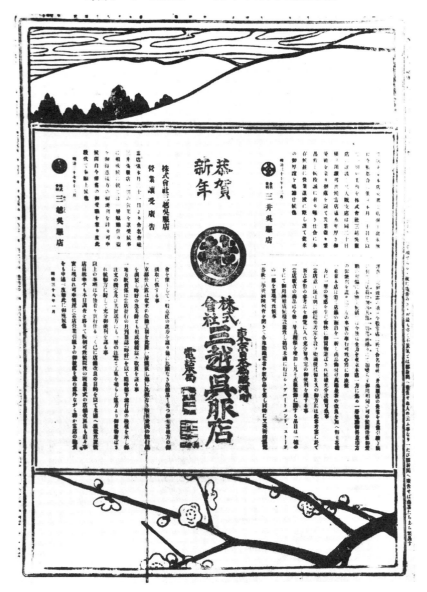

〈史料提供〉株式会社三越伊勢丹。

　まず第1に，「東京本店ハ追て店舗の面目を一新し商品飾付け万端最新の改良を加へ御来客様方に一層の美感を生じ愉快に御買物遊ばされ候様充分設備可致事」とあり，小売業務に特化することが打ち出されている。

　第2に，「当店意匠係ハ別に模様参考室を設け染織模様御注文の御方にハ此参考室に於て新古多数の参考品を御覧に入れ充分御選定の御便利を達する事」，「春秋二季新柄陳列会を開きて各地染織機業者の新作品を促し同時に又美術的展覧会を催うして一般意匠の進歩を謀り他に比類なき出陳品を先づ御来客様方の御選取に供する事」とあることから，呉服についても継続して取り扱っていく方向性が示されている。

　第3に，「当店販売の商品ハ今後一層其種類を増加し凡そ衣服装飾に関する品目ハ一棟の下にて御用辨相成候様設備致し結局米国に行はるゝデパートメント，ストーアの一部を実現可致候事」とあり，小売業務の中でもとりわけデパートメントストアに特化すること，デパートメントストアゆえに各種商品を取り扱っていること，がメッセージとして発信されている。

　第4に，「以上の事項ハ今後着々実行仕るべく已に店舗改良の目的を以て米国へ派遣致置候店員林幸平も不日調査を終りて帰朝可致候間彼の国最新式の店舗改良法も追々事実に現はれ可申候（後略）」とあり，このデパートメントストア宣言が，大胆な小売りのイノベーションであることがわかるであろう。

　第5に，「当店東京本店京都支店桐生出張所ハ今般都合に依り本月二十日を以て一切の業務を株式会社三越呉服店に譲渡し（後略）」とある。これは，江戸時代における三井越後屋の買宿であった桐生の玉上嘉十郎が，1872（明治5）年4月，仕入出張所になったもので，長期にわたり卸売ビジネスが継続していることは注目に値する。

　そして，1907（明治40）年4月改正の「株式会社三越呉服店定款」によると，「会社ノ目的ハ物品陳列販売業（欧米ニ於テ行ハルゝ「デパートメントストーア」ノ営業ヲ意味ス）ヲ営ムニ在リ」（第五條）（三越本社編（2005），p.363）とあり，デパートメントストアという文言が織り込まれていて，百貨店の道を着実に歩んでいくことになった。

　このことはまた，三越の三井家からの独立を意味するものでもあった。史料
3－9は，日比翁助が独立に当たる経緯を述べたものである。これによると，
三井財閥のビジネスと呉服ビジネスがそぐわなかったことがあり，三井呉服店
は，三井財閥の内部において機能が十分に果たせていなかったと言えるだろう。

史料3－9

　自分が三井を出た動機は何かと云ふに，先づ出たと云ふよりは，出された
と云ふ方が至当かも知れない。自分は三井では呉服店の営業部長をして居た，
その時三井家の事業といふものは，砿山と物産と，銀行と呉服店との四つで
あつて，専務理事が朝吹英二氏と高橋義雄氏とであつた。処がこの両君が相
談の上で，呉服部の事業は餘り小さいので三井が直轄しては居られない…と
いふのは，呉服店のやうな小さい事業はやる必要はないといふのか怎うか其
処は能く分らなかつたけれども，兎に角三井は呉服部をやめるといふことで
あつた。それから又呉服店は相当の価格で売つてやるから，三井一派の人が
買ひ受けて株式会社にでもして，日比が専務になつてやつたらよからうと云
ふので，この三越呉服店といふものを経営することになつた次第である。
（小松（1941），p.187）

　ただし，ここで三井家から独立するにあたって申し渡し事項があった。それ
が，「三越は多年の光栄ある歴史を有するものである，今回独立するに当つて
も，よく此の歴史を想ふて決して汚名を被らせ，又は三井家に累を及ぼさぬや
う心掛けて貰ひたい」（小松（1941），p.186）という内容であり，完全に切り離
されたものではなく，三井財閥がバックに存在する三越という印象が色濃く残
された。
　日比翁助は，百貨店のマネジメントに取り組んでいくわけであるが，その時
に史料3－10にみられるように，イギリスの百貨店ハロッズをモデルとした。
主に経営手法，営業手法について学んだとして，日比翁助は三越を東京のハロッ
ズにすることを目指すとしている。

64

史料 3 −10

ハーローヅの社長はバーリツヂ氏といふ。もとホワイトレーの支配人たりし
も故あつて辞し，其後各国の小売大商店を視，其経営法を就き大に得る所あ
り，ハーローヅの社長として其敏腕を揮ふに至りたり。されば各国の大規模
商店の長所といふ長所は悉く之を網羅して餘す所なし。行いて同店を訪たら
んものは，他の企て及ばざる特殊の営業法あるを喜ぶなるべく，米国風の喧
騒なくして英国風の着実を主となしたれば，移して以て日本に適用するは，
このハーローヅを措いて他にこれなしといふてよろし。

我三越呉服店は日本に於ける最初の小売大商店なり。されど今や其計画の第
一歩をつけたるに過ぎず。其完成は果して何年の後なるやも知るべからず。
然り而して何年の後に於て果して如何なる小売大商店となり得べきか。未来
は之を知るに由なし，只吾人の理想は我三越をして第二のハーローヅ即ち東
京のハーローヅたらしめんとするにありといはんのみ。

ハーローヅの如き小売大商店を有せしは倫敦人士の名誉にして亦其幸福なり。
吾人は何日の日にか三越が東京のハーローヅとして現はるゝやを測り知り得
べからずと雖も，東京人士がハーローヅを有して其便を恣にする日の一日も
早く到達せんことを望まざるを得ざるなり。実にや三越は日一日とハーロー
ヅに近づきつゝあるなり。（三越本社編（2005），p.102）

　また，日比翁助が力を入れて着手したこととして，ライオン像，少年音楽隊，
およびメッセンンャーボーイ等の設置・設定がある。史料 3 −11から，ライオ
ン像，少年音楽隊，メッセンジャーボーイが，いかに斬新であったかを伺うこ
とができる。

史料 3 −11

（1）　ライオン像

　「三越の店前に据付けられたブロンズ二尾の大きいライオンは，外遊より
齎らされたものの一であつて，今日なほ偉容を失はずして顧客を迎え顔に踞

まつている。

　これにつき，「店にライオンとは調和がとれない。」とか，なんだかんだと相当反対した人もあつたが，これを単なる建築情の店前装飾にすぎぬと思うのは日比の精神を真に解するものではない。これは言うまでもなくロンドンのトラフアルガースコーヤに聳えるネルソン記念塔の周囲に眠れるように見える四尾のライオンの像を模写して造らせたものである。」（星野（1951），pp.113-114）

(2)　少年音楽隊

　「三越の少年音楽隊はスコツトランド兵隊の服装をした可憐な少年達によつて組織されたもので，日比の発案になり，顧客間にも好評を博したものであつた。これは別項にも記した通りそれまでになすのには相当苦心を費したが，「三越で音楽を仕込んでも他に行かれてはつまらない。」と反対する者もあつた。これに対して日比は「たとえ罷めるものがあつても一生三越に感謝するだろうし，中から一人でも天才が出れば洋行させて技術を発揮させる。三越から大音楽家が出れば国家のためになるのだ。」と答えた。」（星野（1951），pp.115-116）

(3)　メッセンジャーボーイ

　「メッセンジヤーボーイも三越が初めてやり出したもので，英国兵士風の瀟洒たる風をした少年が，自転車で燕の如く軽快に飛んで顧客のために用を便じたのには誰しも欣んだものだつた。」（星野（1951），p.116）

　この三越の大成功を受けて，1940（昭和15）年11月，ハワイホノルルにハウス・ミツコシを出店し，社長香川武雄，副社長作本榮三が経営にあたった（写真3－7）。それに先立ち1940（昭和15）年2月，ハワイから7名が三越本店で実地訓練を受けていて，三越本店のノウハウがハウス・ミツコシに注入された（小松（1941），pp.387-388）。表3－2に示したように，建物の構成をみても，地下に食料品，4階に食堂となっていて，フロア構成においても，三越のノウハウが活用されている。三越で培ったノウハウによって，海外進出を果たすこと

ができたわけだ。

写真3－7　ハウス・ミツコシ

〈史料提供〉株式会社三越伊勢丹。

表3－2　ハウス・ミツコシのフロア構成

4 階	食堂
3 階	美術工芸品，和洋家具，食器売場，催物場
2 階	一般雑貨，婦人子供服，男子洋服
中2階	特別陳列所
1 階	呉服，履物，足袋，買物相談所
地下1階	食料品

（出所）小松（1941），p.387より作成。

　日比翁助は，デパートメントストア宣言以後において活躍したわけであるが，高橋義雄によるイノベーションの考え方や経験もまた，百貨店化した以降においても反映されていることは注目に値する。これについて，みていくことにしよう。

　まず，組織形態についてである。各種商品が取り扱われるようになったことに対応し，百貨店化する以前に蓄積されていた組織革新能力が活用され，部門別組織が形成された（表3－3）。これまで，呉服（および呉服関連）というほぼ単一商品のみを効率的に取り扱う集権的組織から，呉服以外の多様な商品をバランスよく取り扱う分権的組織に変更されたわけである。

表3－3　三越の部門別組織

洋服部	英国より招聘したる「ミッチエル」氏の裁縫は御召し工合は如何に候哉
帽子部	当春の新形帽子と其色合とは倫敦巴里の流行品と全く同じきものに候
洋傘部	当店の意匠に成りたる嶄新の洋傘は今春流行の魁にて続々出来致居候
化粧品部	石鹸界の覇王と称せらるゝ「レバアー」石鹸の東洋一手販売を引受申候
靴鞄部	西伯利亜号の鞄と「スプリング」号の靴とは御旅行の際必要品に有之候
小間物部	花吹雪と共に塵の舞ひ立つ今日此頃欠ぐ可らざる者は三越ベールに候
貴金属部	宝石の指輪珍らしき時計，鎖は他に類の無きものばかりを陳列致居候
玩具部	舶来の人形もでんでん太鼓も狗張子も皆揃て御兒達を御待受申居候
写真部	御貸衣裳あれば假装撮影も御一興に候はずや懸賞写真の陳列も有之候
美術部	絵画の外陶器，漆器，七宝，銅器類の新図案新時代のもの計を集め居候

（出所）『東京朝日新聞』明治41年4月9日付より作成。

　なお史料3－12では，三越呉服店帽子部とあり，部単位での広告がみられ，広告活動においても部として独立した活動が行われていたことが指摘できる。

史料 3 − 12

流行の夏帽

価

安きは九十五銭の麦藁帽子

高きは二十四円の舶来パナマ帽子

パナマと麦藁の中間としてタスカン帽子，老紳士向きとして流行す

四円より八円位

本年の鍔流行

高さ　　三吋

鍔　　　二吋　　　若紳士には粗編み

帯　　　二吋　　　老紳士には細編み

㊉三越呉服店帽子部

(『三越』第 6 巻第 5 号，三越呉服店，1916年)

　次に，生産面においても，高橋義雄時代のノウハウが受け継がれている。これについても，みていくことにしよう。三越では，高橋義雄時代の生産者への関与の経験から，取扱商品の拡大にあたって，生産者と共同開発がなされプライベート・ブランドが開発されている。まず1908（明治41）年 3 月，三越ベールを発売し，大人気商品になった（写真 3 − 8）。写真 3 − 8 から，呉服に合わせるかぶり物となっていて，呉服とは異なるテイストであることがわかる。この三越ベールは絹織物で多種類あり，一枚 2 円15銭から用意されていた。

　史料 3 −13で，三越ベールについて詳しくみていくことにしよう。史料 3 −13から，三越ベールが顧客に好評を博したこと， 3 〜 4 年たつと流行が変化してきたので，花や蔦の模様を取り入れたり，天鵞絨の色糸を使って改善して，三越スカーフとして売り出したこと，が確認できる。消費者のニーズを取り入れた商品開発をするということを踏まえながらも，時代に合わせてプライベート・ブランドは改良されていたと言えよう。この意味において，最先端の流行を先導したプライベート・ブランドであることがわかる。したがって，日本の

プライベート・ブランドは，付加価値がついた商品開発から出発していたのである。

写真 3 － 8　三越ベール

〈史料提供〉株式会社三越伊勢丹。

史料 3 － 13

「ヴエールは当店でもう三四年売出して居りまして，多数の御客様方から，沢山に御用を承はつて居りまして，もう三越ヴエールの名は，御承知の無い方がない勢ひで御座いますから，申し上る必要は御座いませんが，スカーフは名だけは新奇で御座います，併し其実質は殆んどヴエールと同じ様なもので御座います。（中略）

　そこでヴエールは頭を包むもの，スカーフは頸を巻くもので，時には頭をつゝむ事も出来るものといふ事に相成ります。と，なると，近頃御令嬢方や貴婦人方が頸をまいて御歩きになるのは，即ちスカーフの方で，これには近来シフオン縮緬が大流行で，手前の店などでは，西洋への注文が間に合はな

いほど売れ行きまする。日本の御婦人の流行も進みましたなあ！如何です，もう西洋の流行と自然に一致する様に相成りました。色さへ西洋の流行に似寄つたクリームや鼠が，盛んに売れてまゐるぢやア御座いませんか。（中略）ヴェールの方では，従来は大抵薄い色のシフォンを用ひて居りました。綺麗な御顔の色は匂咲ふ櫻花，それを春の霞のヴェールで包むといふのが流行で御座いましたが，流行の原則で，其趣味がだんだん進んで参り，今度は更に其御顔の色を一層美しく御覧に入る様に，ヴェールを工夫致しました。即ちヴェールの一部に花や蔦のやうな穏かな模様を，穏かな色で縫ひまして，御顔の色を一層美しく引立せる方法なのです。それに糸も絹や金糸では，どうも強くなつて霞の花の御顔の色に調和致しませんから，天鵞絨の色糸をば用ひて居ります。之は実に優美な意匠で，西洋人なども非常に珍重致して呉れます。先の三越ヴェールに対照して，三越スカーフと命名致しました。何分御愛顧御用命が願はしう御座います（後略）

（『みつこしタイムス』第8巻第5号，三越呉服店，1910年）

　このように三越は，プライベート・ブランドを開発することによって，流行を捉えるのではなく発信していったのである。この三越ベールをきっかけにして三越では，生産者と共同で開発するプライベート・ブランド商品を積極的に市場に導入していった。表3－4は，『三越100年の記録』を中心として作成したプライベート・ブランド商品である。表3－4から，冷蔵庫においても，プライベート・ブランド商品は開発されていることがわかる（写真3－9）。

　史料3－14は，三越の売り出している冷蔵庫についてである。冷蔵庫について，A型，B型，C型が用意されていて，三越が商品をあつらえていることが確認できる。しかもA型は低価格，B型は内部の二重装置，C型は絶縁物にツンドラの使用，といったところで差別化が図られている。ナショナル・ブランドが育っていない時には，プライベート・ブランドが有効であったと言えよう。ここにも，高橋義雄時代の生産部門への進出の経験が活かされている。

写真3−9　三越冷蔵庫

〈史料提供〉株式会社三越伊勢丹。

史料3−14

三越の冷蔵庫

Ａ型

◇用材　樽上材

◇絶縁体　硅石綿

◇価格　　一号（高リ三尺五寸）（五十円）

　　　　　四号（高サ二尺二寸七分）（二十五円）

Ｂ型

◇用材　樽上材

◇絶縁体　気胞式熱絶縁板

◇価格　特号（高サ四尺五分）（八十八円）

　　　　五号（高サ一尺九寸五分）（二十六円）

表 3 - 4 三越のプライベート・ブランド商品

1908（明治41）年 3 月	三越ベール
1909（明治42）年12月	かすみリボン（三越新案特許）
1911（明治44）年	三越特製最新式西洋家具
1911（明治44）年	ミツコシ鉛筆
1913（大正 2 ）年 6 月	三越ミツワ石鹼
1917（大正 6 ）年	三越オーデコロン
1918（大正 7 ）年 1 月	三越特製家庭用小麦粉（5ポンド）木綿袋入
1918（大正 7 ）年 6 月	御料牧場製特製三越バター
1918（大正 7 ）年 6 月	三越冷蔵庫（氷冷式）
1918（大正 7 ）年 8 月	三越考案単洋服（裏地なしの背広服）
1918（大正 7 ）年11月	三越考案自在安楽椅子、組合せ食器棚
1919（大正 8 ）年 4 月	三越新案割烹着、前掛
1919（大正 8 ）年	三越パン（ 3 個18銭）
1925（大正14）年 1 月	三越特製オリムピア紳士靴
1925（大正14）年 2 月	三越特製男物長襦袢、婦人社交服
1925（大正14）年 3 月	三越特製烏龍茶
1929（昭和 4 ）年 1 月	三越洋家具トータルセット
1929（昭和 4 ）年 4 月	三越特選浪花帯
1929（昭和 4 ）年 9 月	三越新製品浮世絵風呂敷
1930（昭和 5 ）年 7 月	三越特製海に咲く花－30年型海水浴用品
1930（昭和 5 ）年10月	三越紅茶

（出所）三越本社編（2005）;『三越』第 1 巻第 6 号，三越呉服店，
1911年 ;『三越』第 1 巻第11号，三越呉服店，1911年より作成。

C 型

◇用材　樽上材

◇絶縁体　ヅンドラ

◇価格　特号（高サ四尺）（八十円）

五号（同　二尺）（二十四円五十銭）

　A 型は大量生産の結果お値段も至つてお格好でございますB型は内部を二重装置と致しまして，急速に温度を低下する特徴があります。C 型は壁中の絶縁物としてツンドラを使用して保冷の完全を期しました。ツンドラは樺太，西比利亜等の河川沿岸に数千年亘り堆積せる蘇苔類の一種で有機酸物質であ

りまして，腐敗せず，又熱の絶縁体でありますが，最近その脱水乾燥が成功
して以来，従来の熱絶縁体として使用せられし木炭，鋸屑，籾糠，キルク，
石綿等に比し，偉大な効力がございます。それ故氷の消費量が少く，重量も
軽く，御経済であるばかりでなく御使用に種々の御便利がございます。

（『三越』第20巻第 6 号，三越呉服店，1930年より抜粋）

すなわち，一方的に生産者が作った商品を仕入れるのではなく，三越から生
産者への指示・直接発注がなされた。
　史料 3 − 15は，家具についてである。西洋の様式を取り入れながら日本風に
アレンジしている点に，三越特製家具の付加価値が付いている。

史料 3 − 15

三越特製最新式西洋家具
- オーク製タペストリー張組椅子　　五十八円，三十五円
　書斎，喫煙室等に至極適当な品で，寄掛りのクツションが取はづしの出来
　る様に仕立て御座います，夏向などは御取はづしになつても面白う御座い
　ましよう，長椅子の方は肘掛けの外に小卓が付いて居て書物や御茶碗など
　御置きになるに至極御便利です。
- 櫻製小卓　七円五十銭
　冬は火鉢夏は盆栽などを置くに格好の品で御座います殊に両翼が上下する
　様に出来て居ますから至極御便利で御座います。
　（『二越』第 1 巻第 6 号，二越呉服店，1911年より抜粋。）

次に，ミツコシ鉛筆についてみてみよう（史料 3 − 16）。

史料 3 − 16

ミツコシ鉛筆
　　　　　一打　二十銭

　　　　一グロッス　二円

　三越が多年の苦心の結果漸く舶来品に劣らざる品質上等なる実用鉛筆を製
作して発売するに至りしなり。事務室や学校などにて使用するにはこのミツ
コシ鉛筆に勝るものなし。御注文を乞ふ。

（『三越』第1巻第11号，三越呉服店，1911年）

　このように，海外の鉛筆を見本にして日本でも作れないかということで，鉛
筆作りに乗り出している。海外の鉛筆を三越流にアレンジするといった所に，
価値が付加されている。

　以上，プライベート・ブランドの中には，海外の流行を取り入れながら，日
本風にアレンジしている商品もあるということがわかる。三越ならではのアレ
ンジ力が発揮されていて，そこに付加価値がついているということが理解でき
る。基本的には，プライベート・ブランドは，三越が生産者に仕様・デザイン
を指示して作らせていて，これには高橋義雄時代の共同革新能力が活用されて
いる。三越のもっている信用を基盤にして，商人商標を作り出していたのであ
る。したがって，この頃すでに三越では，ブランドに基づくマーケティングを
行っていることが理解できる。三越の品揃えは，卸売業者からの仕入れだけで
なく，プライベート・ブランド商品の両方で形成されていたと言えるだろう。
アメリカのプライベート・ブランドがメーカーに対抗するために登場したのに
対して，日本のプライベート・ブランドは，高品質な商品から出発しており趣
が異なっていることは注目に値する。

　さらに三越では，生産のノウハウを蓄積していたことを活用して，1927（昭
和2）年7月，株式会社二幸商会（以下，二幸と略す。）を設立して，新規事業
を立ち上げ，自ら生産に乗り出した。そして，史料3－17に示したように，蒲
田工場でアイスクリーム，佃煮，飲料水，中新井工場で精米，練馬工場で化粧
石鹸，西宮工場でアイスクリーム，木挽町調理場で和菓子，洋菓子，和・洋・
中華の調理品，コーヒー豆の焙煎加工，鮮魚加工，練馬工場でクリーニング業，
中野漬物工場で漬物，蒲田工場でハム，ソーセージ，霞ヶ浦分工場で佃煮といっ

たように，工場を設置して製造に従事した。

史料 3 −17

1927（昭和2）年7月	株式会社二幸商会を設立，日本橋品川町，調理販売
1928（昭和3）年5月	蒲田工場の開設
	食品製造……アイスクリーム，佃煮，飲料水
1929（昭和4）年1月	中新井工場を開設，精米
1929（昭和4）年5月	練馬工場を開設，化粧石鹸
1929（昭和4）年6月	西宮工場を開設，アイスクリーム
1929（昭和4）年9月	木挽町調理場を開設
	和菓子，洋菓子，和・洋・中華の調理品，コーヒー豆の焙煎加工，鮮魚加工
1931（昭和6）年2月	株式会社二幸と改称
1931（昭和6）年12月	練馬工場，クリーニング業
1934（昭和9）年3月	蒲田工場増築
1936（昭和11）年1月	本社を新宿店店内へ移転
1936（昭和11）年2月	中野漬物工場を開設
1936（昭和11）年9月	蒲田工場，ハム，ソーセージ
1937（昭和12）年6月	霞ヶ浦分工場の開設，佃煮

（三越本社編（2005）より作成。）

　このうち，化粧品についてみてみよう。史料 3 −18は，二幸の化粧品についてである。二幸では，ねり白粉，固煉白粉，水白粉，こな白粉，化粧水を製造していて，優良無鉛の白粉であるという点に特色があることが指摘できる。

史料 3 −18

新に生れた優良無鉛の二幸白粉

二幸白粉

二酸化チタニウム，其他純良な絶対無鉛の材料を設備完全なる三越専属の二幸化粧品製造所に於て，卓越せる技術によつて精製いたしましたもので，皮膚の栄養を助け，肌を美しく滑かにし，しかも高雅な芳香は自然地肌にしみ，ゆかしい完然な化粧美を得られ，其上に御召ものを汚す惧のない，真に理想的の白粉で御座います。

○ねり白粉

 白色

    各 三十銭

 肌色

○固煉白粉

 白色   七十銭

○水白粉

 白色

 肌色 各 大瓶 六十銭

       小瓶 四十銭

 健康色

○こな白粉

 白色

 肌色 各 大瓶 五十銭

       小瓶 三十銭

 健康色

○化粧水   五十銭

（『三越』第22巻第10号，三越呉服店，1932年）

　以上で考察したように，三越の複合ビジネスの原型は，すでに明治時代に形成されていた。すなわち，百貨店の総合化の歴史は，高橋義雄と日比翁助の両方によって，三越において作り上げられたのである。

注）

(1)　本書で，三井呉服店，三越の記述については，小松（1941），「三越のあゆみ」編集委員会編（1954），三越本社編（2005）に依拠している。

第4章　三越のイノベーションと百貨店の受容プロセス

　三越が，三井財閥のミッションを果たすためには，三井財閥との距離感をどのように保っていくかが問題であった。それゆえ三越が目指したのが，小売ビジネスで成功することで存在感を発揮することであった。そこで本章では，三越は，いかにして三井財閥にはない価値を見い出していったのか，具体的には，いかに百貨店業態を成立させたのかについて考察する。そのためにまず，呉服店の百貨店化から論じることにしよう。

第1節　江戸時代における呉服店の百貨店化

　江戸時代に資産形成した商家が明治期まで存続しており，しかも呉服店のみが百貨店化している。たくさんの商人がいた中で，呉服店だけが百貨店化した。なぜ，呉服店しか百貨店になり得なかったのであろうか。百貨店化には，異業種からの参入の可能性も考えられた。例えば，勧工場，丸善，篠崎廛を挙げることができる。これらについて見ていこう。

　まず，勧工場についてである。史料4−1は，「東京勧工会社列品館出品規則」（1888（明治21）年）にみる取扱商品の列品区分である。

　　史料4−1
　　　第1区陶磁器，玻璃器，第2区家具，漆器，竹器，第3区玩弄物，絵草紙，書籍，紙工品，筆墨硯，諸種印肉印材，薫香，香水，香油，紅粉，石鹸，洗粉類，第4区簪櫛笄，玉石金属身体装飾品，烟管，袋物類，第5区諸織物，小裂半襟帯留，糸打紐，巾着涎掛，手袋シャツ，敷物，帽子，革包，下駄，傘，靴，杖，第6区銅鉄器，利器，諸種罐詰瓶詰類，烟草，漁具，羽毛品，

第7区箪笥，長持，机本箱，蠅帳，葛籠，簾，桶，笊籠，等，建具，木材，
第8区諸機械，喞筒，車（東京都編（1982），pp.398-399）

これをみると，第1区から第8区まで，さまざまな商品を取り扱っているこ
とが確認できる。第5区に諸織物とあるが，総じて呉服の取り扱いは少ない。
勧工場では衣料品の取り扱いシェアが低く，百貨店の中心は衣料品なので，百
貨店化するには弱かったと言えよう。勧工場は，時代と共に都心に進出してい
き，さまざまな商品を取り扱ったが，悪かろう安かろう商品を取り扱っていた
ので，衰退していった。対照的に，百貨店は高級品のみを扱っていた。その意
味において，勧工場は百貨店にならなかったわけで，勧工場と百貨店は切り離
して考える必要がある。

丸善は，1869（明治2）年1月，早矢仕有的が，日本橋通3丁目に丸善を開
業したことに始まる[1]。1871（明治4）年には唐物店が開設され，1881（明治
14）年の取扱商品は，史料4－2に示した通りである。新聞広告4－1をみて
も，本だけでなく，洋服粧飾品，化粧品，小間物，玩具といった幅広い商品を
取り扱っていることが強調されている。いずれにしても，百貨店の中心は衣料
品なので，そこが弱ければ百貨店にはなれないことがわかる。そのため丸善が，
三越を模倣することは難しかったと考えられる。また丸善は戦略として，イギ
リスからの輸入に特化したことも，百貨店に向かわなかった理由として指摘で
きよう。

史料4－2

シャツ，肩掛，襟巻，帽子，手袋，靴下，鉛筆，状袋，ペン先，筆揚板，石
盤，石盤筆，インキ，靴，手提，胴乱，煙草，楊枝，ハンケチ，香水，香油，
石鹸，マッチ，時計，蠟燭，ランプの五分芯，サンパン（シャンペン），葡
萄酒，鮭鱒の罐詰，煉ミルク（丸善編（1908），p.257）

新聞広告 4 − 1　丸善のクリスマス広告

（出所）『東京朝日新聞』大正 2 年12月14日付。

新聞広告 4 − 2　篠崎塵のデパートメントストア広告 1

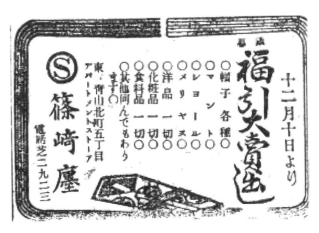

（出所）『東京朝日新聞』大正元年12月13日付。

新聞広告4－3　篠崎廛のデパートメントストア広告2

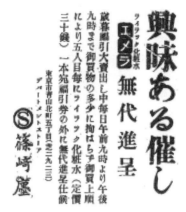

（出所）『東京朝日新聞』大正元年12月22日付。

新聞広告4－4　篠崎廛のデパートメントストア広告3

（出所）『東京朝日新聞』大正元年12月22日付。

　篠崎麇は，青山北町5丁目に所在していて，デパートメントストアと名乗っ
ている（新聞広告4－2，新聞広告4－3，新聞広告4－4）。「帽子各種，マント，
ショール，メリヤス，洋品一切，化粧品一切，食料品一切，其他何んでもあり
ます」（『東京朝日新聞』大正元年12月13日付）とあり，バラエティに富んだ品揃
えが強調されているが，呉服の取り扱いの記載がない。呉服が取り扱えない以
上，異業種から百貨店化することの困難さを指摘することができよう。

　以上のように，呉服店であることが百貨店化の分水嶺になっていて，本書が
射程とするのは，呉服店が百貨店化する局面であり，イノベーションを起こし
た三越のビジネス・モデルに着目する。

第2節　デパートメントストア宣言と洋館建築

　日本の百貨店は，三越が，1904（明治37）年12月，株式会社三越呉服店とな
り，デパートメントストア宣言を行ったことに始まる。専務取締役は日比翁助
で，資本金50万円から出発している。それにいち早く追随したのが松坂屋で，
1910（明治43）年，株式会社いとう呉服店となり，社長が伊藤祐民，資本金50
万円となっている[2]。高島屋は，1919（大正8）年，株式会社髙島屋呉服店と
なり，社長飯田政之助の元で資本金300万円で百貨店化へ業態転換している[3]。

　本章では，百貨店業態の成立に着目して，三越の戦略がどのように消費者に
認識され社会的に受容されたのかについて，その動態的なプロセスについて考
察していく。具体的には，百貨店がどのようにしてそのブランド・イメージを
定着させ，百貨店業態を成立させていったのかについて，三越，松坂屋，髙島
屋の各百貨店を取り上げて検討していく。これらの百貨店は，後述の通り，19
19（大正8）年，五服会を結成した後に日本百貨店協会となるのであるが，そ
の主力メンバーであるからである。

（1）　デパートメントストア宣言

　三越が百貨店化するにあたり力を入れたのが，デパートメントストア宣言と建館建築である。これらについて，検討していくことにしよう。デパートメント宣言については，第3章でも考察したように，写真3−6で注目されるのが，次の2点である。第1に，デパートメント，ストアという文言が入っているということである。日本にはまだデパートがなかった時代であり，画期的であった。第2に，取扱商品の種類が豊富であることが強調されている。『三越呉服店御案内』によると，表4−1に示されるように，各種商品を取り扱っていることが理解しうる。さまざまな商品を取り揃えたということは，ワンストップ・ショッピングにつながっていくことになる。

　百貨店ビジネスの魅力にいち早く気づいたのが，松坂屋である。三越と同様に，新聞広告により百貨店化したことを情報伝達している（写真4−1）。松坂屋の新聞広告においても，デパートメントストアーという文字が強調されている。また，営業種目として，呉服太物類，小間物化粧品類，洋傘履物類，文房具類，櫛笄及時計指輪類，玩具及雑貨類，陶磁器七寶類，御嫁入道具類が記載されていて，さまざまな商品を取り扱っていることがわかる。このように，松坂屋においても，デパートメントストアということと，さまざまな商品を取り揃えているということが強調されている。

　三越は，デパートメント，ストーア，松坂屋ではデパートメントストアーという文言を用いて新聞広告においてデパートメントストア宣言を行い，さまざまな商品を取り揃えていることを共通して謳ったことは，同じ百貨店業態のイメージを消費者に植え付けることになった。

表 4 - 1　三越の主要取扱商品

呉服, 太物, 絹綿交織, 麻織物, 毛織物	男女御帯地, 友禅, 型染物類, 着尺, 羽織地, 御袴地類, 御祝儀用裲襠, 御模様物類, 夜具地, 座蒲団, 吾妻コート 地類, 帛紗, 半襟, 帯揚類, 風呂敷, 手拭, 綿類, 出来合品類
洋服	大礼服, 官公吏制服, 燕尾服, フロックコート, モーニングコート, 背広, 御婦人公私用御服, 外套, 吾妻コート, 同じく出来合品
化粧品	香水各種, 香油各種, 白粉, 歯磨, 石鹸, 洗粉, 垢摺, ブラシ, 櫛, 顔料, 剃刀, 鏡, 革砥, トイレットケース等
旅行用具	鞄, トランク, バッグ, 柳行李, 胴締, 荷締, 毛布, 膝掛, 羽根 布団, 懐中食器, 空気枕各種等
帽子, シャツ類	帽子, ハンカチーフ, シャツ上下, 猿股, カラ, カフス, 手袋, 靴下, 首巻, ネクタイ等
御婦人装飾品及小 間物類	銀貨入, 莨入, 紙入, ハコセコ, 羽織紐, 御儀式用櫛笄, 普通用櫛笄, 御根掛, 御簪, 束髪用諸品, 髱形, 元結, 手柄, リボン, レース, 和洋造花, 丈長, 葛引, スカーフ, 肩掛類等
貴金属製品	金銀鉄側懐中時計, 同鎖, 置時計, 指輪, 腕輪, ピン, ブローチ, ボタン各種, 金縁眼鏡, 煙管各種, 金盃, 銀盃, 花瓶, 湯沸し, 急須, 茶碗等
西洋食品	珈琲飲用一切, 紅茶飲用一切, 食器皿, 果物皿, ナイフ, フォー ク, スプーン, 花盛皿等
傘、履物、杖	男女洋傘, 雨傘, パラソール, 和洋ステッキ, 下駄, 足駄, 草履, 雪駄等
靴	御儀式用男女靴, 舞踏用御靴, 銃獵運動用御靴, 上靴, スリッパ 各種
児童用品及玩具	雛人形, 五月人形, 和洋人形各種, ゴム製品, セルロイド製品, 児童用品研究会考案品, 楽器, 帽子, 外套, 手袋, 足袋, 涎掛等
文房具	ペン, ペン軸, 鉛筆, インキ, 万年筆, ナイフ, 紙, 手帳, 定木, コンパス類, 画架, 三脚, 水筒, ピン等
日本家具	膳, 椀, 筆筒, 長持, 鏡台, 火鉢, 煙草盆, 書棚, 下駄箱等
西洋家具	刺繍, 天鵞絨扁額, 屏風, 衝立, 椅子, 卓子, 書棚, 化粧台, 洗面台, 植木台, 帽子掛, 傘立, 窓掛, 敷物等
美術工芸品	絵画, 彫刻, 茶器, 陶銅漆器, 室内装飾品等
写真器械	撮影器具, 現像薬液, 焼附器械等一切
食料品	西洋酒各種, 西洋菓子, 缶詰類, 乾酪, 乳酪, 乾乳, 紅茶, 台湾茶等
茶	玉露, 煎茶, 番茶, 挽茶, 粉茶等
鰹節	伊豆節, 土佐節, 薩摩節等
花	切花, 鉢植, 種, 球根, 植木鉢等（花束花環等の需めにも応ず）
吉凶御贈答品	縮緬其他の作り物, 造花等, 尚茶, 鰹節に対しては吉凶御贈答用 として『特別商品券』を発行すべし。
商品券	

（出所）『三越呉服店御案内』（三井文庫蔵　A091-19）より作成。

写真4－1　松坂屋のデパートメントストア宣言の広告

〈史料提供〉Ｊ．フロントリテイリング史料館。

　百貨店化した後の三越では，1908（明治41）年4月には，三井銀行前の広場で活動写真，実物幻燈が披露されていて，三井銀行との関連性が指摘できる（小松編（1933），p.年4）。また，1911（明治44）年1月には，三井家，三井各社重役を交えて帝国ホテルで謝恩会が開催されていることから，百貨店というイノベーションが，三井財閥における暗黙の了解下での経営活動であって，バックヤードにおける両者の緊密なつながりを指摘することができるだろう（小松編（1933），p.年5）。

　さらに『みつこしタイムス』誌上において，史料4－3にみられるように，三井財閥と三越が一体となって，日本経済や日本社会の発展に貢献していることを顧客に向けてアピールしている。

史料4－3

三越の謝恩会

　日月星の影や処せる，三つ井の水の底清く，湧き出る流れ三百年に及んで滔々と，今や日本六十余州，その流域に浴せざるは莫く海のかなたの欧米各国にさへ其支流を見るぞ由々しき。然るが中にわが三越呉服店こそは三井家の本流，権滔泊々世運と共に推移して，天を浮べ地を載せ，船を負ひ物を利す百川悉く注いで万貨偏へにこゝに集まる，常に社会流行の源となりて趣味の向上につとめ，美術の保護者となりて俗悪の風潮に逆らふ，時には日本財政の中心となりて商工の業を盛ならしめ，時には国家の用嚢をつとめて忠君の誠を捧ぐ。洵に三井は三井一家の三井に非ず，天下の三井なり，日本の三井なり。（後略）（『みつこしタイムス』第9巻第3号，1911年）

(2)　洋館建築

　百貨店のブランド・イメージを形成するためには，見た目や消費者への印象が大切であった。店舗のイメージは印象によって決まる所が大きかったため，百貨店を新しい業態として定着させていくためには，消費者に形成される意識やイメージを変えていく必要があった。そこで，建物に巨額の投資がなされた。

　写真 4 - 2 は，1914（大正 3 ）年10月に建設された三越の本店新館である。
5 階建てルネッサンス式の洋館建築で，豪華な趣を感じさせる百貨店を象徴す
る建物になっている。建物の豪華さは，消費者にアピールするには威力が絶大
であった。建物に巨額の投資を行い，規模を拡張したわけである。豪華絢爛な
建物を建てたことによって，一気に消費者に百貨店が浸透していった。三越で
買物することが，ステータスシンボルになっていたと言えよう。

写真 4 - 2　三越の本館建物

〈史料提供〉株式会社三越伊勢丹。

　建物の豪華さをさらに演出したのが，入口に配置された優雅で威厳があるライオン像である（写真4-3）。史料4-4では，ライオン像は，ロンドンのトラファルガー・スクエアのネルソン記念塔にあるライオンがモデルになっていること，青銅製のライオンは正面入口に2頭配され，堂々として品格のあることが強調される。

写真4-3　三越のライオン像

〈史料提供〉株式会社三越伊勢丹。

史料 4 ― 4

今秋落成すべき三越本館のライオン

花咲く春，博覧会の春，のどけき彌生の空に高く聳ゆる三越呉服店の新建築
は，其外国の覆面をぬぎ棄てゝ，白き煉瓦と大理石との肌をば春風の吹くに
任せるまでに進みました。而して局部々々の装飾にさへ取かゝる程に進みま
した。其装飾の中に就いて，特に御紹介致し置きたいと存じますのは，新館
正面入口の両側に置かるゝ青銅製二頭の獅子でございます。身長九尺，幅三
尺五寸，高さは三尺九寸といふ可成大きな彫刻で，二本の大理石の柱を背に
して，花崗石の台石の上に安かるゝので，過日試みにそれを取つけ見ました
が，其威姿豪態まことに此大厦高樓の守護者として相応しく感ぜられました。
それも其筈で此原型となつた獅子こそは，世にも名高き英国倫敦トラファル
ガル・スクェーアに在るネルソン記念塔を四隅より守護しつゝあるランヂー
ア氏作の猛獅なのでございます。
（中略）此事については，東京高等工業学校建築科教授前田松韻氏が，在英
中種々御世話下されて，いろいろ興味ある話柄をもつて居られまするから，
それを左に拝借しませう。『私が在英中，三越呉服店の工業監督をして居る
横河工務所の中村君から，トラファルガル・スクェーアの獅子を，英国の彫
刻家に拵へさせてくれといふ注文を受けた時，私は直ちにメリフィールド氏
の事を思ひ起しました。氏は当時ローヤル・アカデミーを出て六年にしかな
らなかつたが，名声既に先輩を凌がんとし，殊に其勤勉にして真摯なる事は，
何人も認むる所，強ひて批難をすれば技術が勝ち過るが，そこが却つて模写
には可からうと思つたし，其上氏は妙に日本人と交際があつて，ハンマアス
ミスの日英博覧会へ塚本工学博士と，大澤美術学校教授の胸像を作つて出品
した事もあるので，私は氏が其仕事に最も適して居ると考へて，早速氏に相
談して見ると，氏も大変に喜んで快諾してくれました。（後略）」

（『三越』第4巻第4号，三越呉服店，1914年）

　建物の豪華さは，三越の価値を高め，三越で取り扱う商品は高級で信頼でき
る，というイメージを植えつけた。

　また内装にも投資しており，中央ホールは，開放的でモダンな空間作りが行
われている（写真 4 - 4 ）。 店内においても，ゴージャス感が演出されていた
のである。

　休憩室は，落ち着いた雰囲気で高級感漂う椅子でゆっくりくつろげる空間と
なっている（写真 4 - 5 ）。休憩室のラグジュアリー感は，三越の取扱商品は高
級である，ということを連想させる効果があった。

　休憩室については，『三越呉服店御案内』において，次のように紹介されて
いる（史料 4 - 5 ）。

写真4-4　三越の中央ホール

〈史料提供〉株式会社三越伊勢丹。

写真4－5　三越のアダム式休憩室

〈史料提供〉株式会社三越伊勢丹。

史料4－5

　休憩室の数をも増加致しました。即ち各階共に一室づゝを控へて居りまし
て，いづれも其様式を異にして居ります。階下のはセセツション式，二階の
はアダム式，三階のはジャコビアン式，四階のはルイ十六世式で，之を貴賓
室と致してございます。尚此外に四階にはセセツション式の参考図書室とい
ふがございます。お望みのお客様に限り当店の蔵書を公開して御覧に入れま
す。其隣の児童用品研究室も御子供方や子煩悩の方には興味のふかいところ
と存じます。（後略）（『三越呉服店御案内』（三井文庫蔵　A091-19））

　この場合，休憩室は，1階セセツション式，2階アダム式，3階ジャコビア
ン式，4階ルイ十六世式といったように海外の様式を取り入れた豪勢な作りと
なっている。

　休憩室や後述する食堂の設置により，ワンストップ・ショッピングをさらに
加速させ，店内の滞留時間を増加させることになった。『三越呉服店御案内』
では，「三越は一箇の楽園」（『三越呉服店御案内』（三井文庫蔵　A091-19））と表現

されており，顧客に非日常を提供していった。このようにワンストップ・ショッピングの機能を高めたことは，消費者コストの削減に寄与するのみならず，大規模小売商としてのさらなる成長につながった。

　ここでさらに注目に値するのは，三井財閥と三越の間には定期的に交流があったことである。1914（大正3）年10月に本店が開店する直前の9月26日，三井家，三井各社重役を交えて昼餐会が催されている（三越本社編（2005），p.83）。このことから，三井財閥と三越の関係は，必ずしも切り離されたものではなく，暗黙知のやりとりやコミュニケーションがあったことを指摘できる。1915（大正4）年7月にも，株式会社創立10周年ということで，三井家，三井各社重役を交えて感謝会を催している（三越本社編（2005），p.86）。そして，1927（昭和2）年4月，全館修築完成に伴い，三井家と三井各社重役を招待していて，意思疎通が図られている（小松編（1933），p.年9）。これらのことから，三井財閥と三越はお互いに目配せしながら相互理解を深め，つかず離れずのリレーションシップを構築していたわけだ。

　松坂屋の建物も百貨店の絢爛華麗なイメージを引きだすものとなっている。写真4－6は，1917（大正6）年，松坂屋の上野店新本館である。

写真4－6　松坂屋の上野店新本館

〈史料提供〉Ｊ．フロントリテイリング史料館。

　消費者に形成されるブランド・イメージという点からすれば，消費者にどのように映るかが大切であり，豪華な建物という共通性は，百貨店は豪華である，というイメージを消費者にもたらすことになった。また，建物の豪華さは，百貨店で取り扱うすべての商品の評価を高めることにつながっていった。

　売場の配置においては，三越では，商品カテゴリーごとに配置されている（写真4－7）。

　松坂屋においても，商品カテゴリーごとに商品が配置されている（写真4－8）。このように売場の配置の共通性がみられ，百貨店らしさを形成していった。

写真4－7　三越の売場の配置

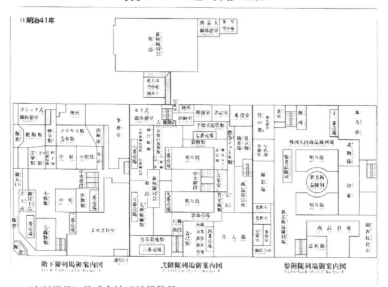

〈史料提供〉株式会社三越伊勢丹。

写真4－8　松坂屋の売場の配置

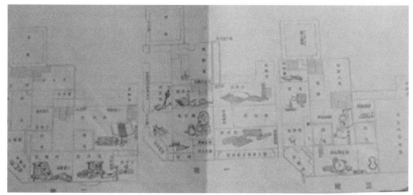

〈史料提供〉 J．フロントリテイリング史料館（『モーラ』第7号，いとう呉服店，1910年）。

第3節　百貨店による小売サービス合戦の展開

　呉服店の百貨店化が進むにつれ，百貨店間の競争が熾烈になり，小売サービスにおいて競争戦略が打ち出されていった。ここでは各種小売サービスの中で，食堂，少年音楽隊，送迎自動車，写真，プライベート・ブランド，ホール，下足預かり制度の廃止についてみていくことにしよう。

(1)　食堂

　食堂では，3社の中において三越が先行する。三越は，1907（明治40）年4月，食堂を開設し，165㎡の広さで展開した。食堂のメニューは，お食事50銭，寿司15銭，和菓子5銭，西洋菓子10銭，コーヒー5銭，紅茶5銭であった。

　1914（大正3）年10月に開店した三越本館には，4階に277㎡120席の食堂が設けられた（写真4－9）。1916（大正5）年4月，食堂で団子，汁粉，果物を提供し，メニューを増やしていき，屋上庭園ではソーダ水，アイスクリームを提供していった。1921（大正10）年6月，855㎡の本店大食堂を開設して，規模拡大を図る。1930（昭和5）年12月には，コロッケ，ハム，スパゲティ，サ

ンドイッチの入った御子様洋食を価格30銭で提供した。ここでの御子様洋食の提供は，百貨店初と言われている。このように，食堂を設置した後に，洗練化していることがわかる。

写真4－9　三越の食堂

〈史料提供〉株式会社三越伊勢丹。

食堂については，『三越呉服店御案内』でもアピールされ，買物ついでに立ち寄れ，百貨店における娯楽の要素の一つとなっていることは注目に値する（史料4－6）。買物と食堂を組み合わせることによって，買物時間がより快適になるばかりでなく，三越におけるワンストップ・ショッピング機能を強化するものとなった。

史料4－6
食堂は四階に設けました。従来のに比して余程広くもなつて居りますし，セセツション式の装飾は，御客様方の御居心地のよい様に出来て居ります。当

店の昼食は軽便でしかも料理が気が利いてるので，評判がよろしいのでござ
います。それにすしと珈琲は日本一との評もございます。その外紅茶，コゝ
ア（夏にはアイスクリーム）和洋の菓子各種サンドウツチなども出来ます。随
分御身分の高い御方でも，御買物の間々に茲に立寄らせらるゝ事を楽みにし
て居らるゝ方もあるやに承はつて居ります。

（『三越呉服店御案内』（三井文庫蔵　A091-19））

　これにいち早く追随したのが，松坂屋であった。松坂屋では，三越に追随し
て，1910（明治43）年3月，食堂を開設した（写真4－10）。和洋食20銭，25銭，
寿司10銭，汁粉5銭であった。ここで和洋食という文言があるが，洋食を提供
したのは百貨店初とされる。1927（昭和2）年10月には，食堂女性店員の制服
を洋風化している。1930（昭和5）年3月，お好み食堂を開設して，職人が作っ
た天ぷら，寿司，とんかつを提供し，これも百貨店初とされ，三越と競ってい
ることがわかる。1931（昭和6）年には，お子様ランチのネーミングで提供し
た。このお子様ランチというネーミングが，その後定着することになり，現在
のお子様ランチという呼称になったとされる。

　このように，食堂の各種サービスについて，どちらが先に始めたか競ってお
り，その過程を通じて洗練化していることがわかるだろう。これら競争してい
ること自体が，消費者には百貨店という共通の百貨店業態のイメージを消費者
に植え付けることになった。

写真4－10　松坂屋の食堂

〈史料提供〉Ｊ．フロントリテイリング史料館。

　髙島屋についてみると，1912（明治45）年6月，京都烏丸店に食堂を開設したのに始まり，1916（大正5）年12月，東京南伝馬町店，1918（大正7）年，大阪店に食堂を開設している。その後，髙島屋も食堂に追随してたことは，百貨店には食堂がある，という百貨店業態のイメージとして収斂していった。

(2)　少年音楽隊

　少年音楽隊においても，競争が繰り広げられた。少年音楽隊は，三越のイノベーションである。1909（明治42）年2月，三越少年音楽隊を結成し，店内のみならず出張演奏が行われた（写真4－11）。

写真 4 —11　三越の少年音楽隊

〈史料提供〉株式会社三越伊勢丹。

　史料 4 － 7 から，三越少年音楽隊は東京音楽学校出身の小林禮氏によって教育されたこと，第 1 回試演会の構成メンバーを確認することができる。

史料 4 － 7

三越少年音楽隊第一回試演会

三越少年音楽隊が創設せられてこゝに三年，時甚だ長からざれど，其技術の進歩は既に大方の熟知せらるゝ処，社会の耳目に接触する機会ある毎に，必らず賞讃の辞を荷ひ得るは，当店のいたく光栄とする所なり。さはれ，当店は彼等の今日を以て満足せんとするものに非ず，彼等の団体をばその量に於ても質に於ても大に昂上拡張する処あらんとし，絶えず最密なる選択の下に増員しつゝ来りしが，更に彼等の学術界素養の地盤を固め，同時に其芸術的手腕を鍛練する方法に苦心し，昨年十月以来，ケーベル氏の高弟にして，東京音楽学校出身中の俊才小林禮氏を招聘して，音楽隊の教師となし，久松楽

長と共に学術，唱歌，ピアノ等の練習を司らしめ置きたりしが爾来こゝに十
有一月，少年楽手等は早くもピアノ，唱歌等に長足の進歩をなし，やがては
管絃楽隊を作るの準備にとりかゝり得べく見らるゝより，其実力の批判を斯
道の先達に請ひたく，文芸協会の東儀鐵笛氏，海軍々楽隊楽長赤崎彦二氏，
バイオリンの名手東儀鐵三郎氏さては少年教育家の泰斗巌谷小波，久留島武
彦氏等の御来店を請ひ，一面店員及び店員の家族の傍聴を許し，こゝに九月
三日午後七時を以て当店中央階段の下に，第一回試演を開きたり。当日の楽
手及び番組左の如し。

指揮者	久松鑛太郎
ピアノ唱歌担当者	小林禮
受持楽器及び人名	
フリユート	宮田清蔵
エス，クラリネット	岡安喜雄
ソーロ，クラリネット	田邊千次
一番，クラリネット	小久保照蔵
二番，クラリネット	岩浪桃太郎
同，　クラリネット	阿部萬次郎
三番，クラリネット	守屋勘太郎
ソーロ，コルネット	渡邊彦一
一番，コルネット	柳田貞一
二番，コルネット	井田一郎
一番，テノールホン	植村安吉
一番，アルト	田中正夫
二番，アルト	田谷力三
三番，アルト	保々保
一番，トロンボン	加藤鯛次郎
バス，クラリネット	海原英作
ユーホニオン	浮田善作

エス，バス	梅本明
ベー，バス	佐藤英吾
小太鼓	小林鐵五郎
大太鼓	土方一郎

（後略）

（『三越』第1巻第9号，三越呉服店，1911年より抜粋。）

　三越少年音楽隊は，1913（大正2）年2月，吹奏楽に管弦楽が追加され，改善が図られている。同年に，日比谷公園音楽堂で出張演奏会が行われた。その後，1915（大正4）年1月，三越音楽隊と改称されるが，1925（大正14）年5月，三越音楽隊の解散となる。

　このように，日比翁助が力を入れていた三越少年音楽隊はその後解散されるが，史料4－8から，三越少年音楽隊より巣立った人々が，松竹，宝塚の音楽隊で活躍したとあり，音楽はその後も継承されたと言えるだろう。

史料4－8

　民間一会社が音楽隊を組織したのはこれが日本で始まりであります。此音楽隊は経費がかゝり，少年に音楽を教育して行くのですから，ある方などは折角三越で養成しても年限のこぬ内に，よそへ行つてしまつたらつまらないと云ふ事を，日比様に云つた時に，日比様は多数のボーイを養成してその内から一人の大家が三越から出れば社会の為めではないか，天才でも出れば洋行させて立派な音楽家にするつもりである……といはれた田谷力三氏其他松竹，宝塚等の音楽隊の内には，三越音楽隊出身者が立派になつて居るのも少なくない。少年音楽隊最初の服装はスコツトランドのナシヨナルコスチュウムでかわいらしい古風なもので，ロンドンからとりよせたものであります。

（小松編（1933），p.55）

　松坂屋が，少年音楽隊に追随する。1911（明治44）年3月，いとう呉服店少年音楽隊を結成した（写真4－12）。1924（大正13）年4月には，センバツ開会式で演奏している。このいとう呉服店少年音楽隊は，次のような展開をたどる。1932（昭和7）年松坂屋管絃楽団，1935（昭和10）年松坂屋シンフォニー，1938（昭和13）年中央交響楽団，1945（昭和20）年東京フィルハーモニー管弦楽団，1948（昭和23）年東京フィルハーモニー交響楽団，として発展を遂げていった。

　少年音楽隊においても，三越と松坂屋の間で顧客争奪合戦が繰り広げられる中で洗練化されていった。この場合，イノベーションを起こした三越よりも，追随した松坂屋の方が付加価値を高め発展していることがわかる。このように，イノベーションは三越が起こしたが，競争のプロセスにおいては，松坂屋が付加価値を付けて洗練化させていくこともあった。

写真4－12　松坂屋の少年音楽隊

〈史料提供〉　J．フロントリテイリング史料館。

　髙島屋では，1923（大正12）年，大阪店において髙島屋バンドが，指揮者，元大阪市音楽隊楽長である金馬雄策のもとに，40名で結成された。その後，休止されることになるが，髙島屋が髙島屋バンドを結成したことは，百貨店には

少年音楽隊がある，という百貨店らしさを消費者に業態イメージとして植え付けることになった。

(3) 送迎自動車

　送迎自動車でも，三越が先行した。1920（大正9）年8月，東京駅～三越本店間において，送迎自動車の運行が開始された（写真4-13）。バスの色が赤色であったため，三越の赤自動車と呼ばれ親しまれた。1926（大正15）年4月，送迎自動車・配達自動車5台が追加購入された。このような送迎自動車の導入は，消費者の利便性を向上させることになり，消費者コストの削減につながった。1926（昭和元）年8月には，三越～梅田間で送迎自動車を増便していて，さらに消費者のモビリティを高めることになった。

写真4-13　三越の送迎自動車

〈史料提供〉株式会社三越伊勢丹。

これに追随したのが，松坂屋である。松坂屋では，1925（大正14）年3月，送迎自動車の運行を開始し，顧客争奪合戦が繰り広げられることになる（写真4−14）。東京駅・新橋駅・有楽町駅〜銀座店間で運行され，バスの色は黄色で，三越と差別化が図られた。一日の乗客は8千人にのぼり，車掌に女性を起用したことでも注目を集めた。松坂屋が送迎自動車に追随したことは，消費者が，百貨店には送迎自動車があるという百貨店らしさを実感することになった。

写真4−14　松坂屋の送迎自動車

〈史料提供〉J．フロントリテイリング史料館。

高島屋が送迎自動車に追随したのは，1930（昭和5）年4月である。八重洲口〜東京店間において送迎自動車の運行を開始した。高島屋が追随したことは，百貨店には送迎自動車がある，というイメージを消費者に強化することになった。

(4)　写真

写真については，1907（明治40）年4月，三越が写真場を開設し，三越のイノベーションである。そして，史料4−9に示すように，改善された商品は三

越から登場した。

史料 4 - 9

1908（明治41）年 4 月	大阪店　写真部開設
1911（明治44）年 8 月	一時間写真の開始
1911（明治44）年10月	天然色写真の開始
1912（大正元）年 8 月	輪転写真の開始
1912（大正元）年 9 月	一分間写真の開始
1913（大正 2 ）年 8 月	写真器械，付属品の販売開始

（三越本社編（2005），p.70, p.77, p.79, p.81）

　このうち，一時間写真については，史料 4 - 10によれば，写真撮影から仕上がりまでに一時間しか要さないことは画期的であること，写真撮影の後に買物や食事を含め店内を回遊することによって買物時間が有効活用できるとしている。このように，三越という百貨店の中に写真場があることのメリットについて言及されていて，ワンストップ・ショッピングの効果が強調されていると言えるだろう。

史料 4 - 10

一時間写真の開始

　　＝破天荒の速成写真＝

わが三越写真部にては，本月一日より『一時間写真』といふを開始する事としたり。一時間とは写すに一時間かゝる意味に非ず，写して現象して焼付けて，立派な写真となつて顧客の手に渡るが一時間といふ意味なり。世に早取写真あれども，未だ早出来写真なるものなきは，世界の文明の為め太だ遺憾なる事なりとは，写真好の人々のつぶやく処なりしが今や終にその不平を打消すべき新発明出来たり。勿論一枚二枚の写真ならば，写して直ぐに現像し，又直ぐに焼付け得べく，さすれば一時間以内にも出来上らぬ事なけれど，多

数の御客様の写真をば完全に作り上るには，是迄の処にては全く不可能なり
しなり。西洋にても好き写真師ほど仕上に手間がかゝるを常とす。大きな写
真師となればなるほど，大抵その仕事場を郊外 —— 志かも多くは何十哩の田
舎に有するが為め，写した写真は其儘一纏にして，一日一回若くは二回その
仕事場に送り，仕事場にては仕上の終りたるを又一纏めとして送り返すを常
とす。然ればどんな写真師にても大きな処なれば，是非一週間やそこらの猶
予を必要としたるなり。然るに社会は段々複雑になりて気の急しき人の多く
なりし為め，一面早取りの早出来写真を要求する事盛んになり，終にそれに
対する新式写真が現はれたり。何事にても新らしくして有効なるものは，必
らず之を実行せねば已まざる当店は，即ち此新式器械を輸入し，種々研究の
結果，十分なる効果ある事を確かめ，今八月一日より実行する事となりしに
て，当店へ買物に御出ありし方々は，一寸三階まで上られ，一二分を費やし
てその御姿を撮影せしめられそれから買物に五十分，食堂に十分を費され，
再び写真部を見舞ひ給はゞ，御姿は立派な御写真となつて，諸君の御手に上
る事となるべし。いやそれは餘り早過る，浅草奥山の写真屋でやつてる硝子
取では無いかなどの御懸念は御無用なり，紙取も紙取，餘り他の写真師が用
ひぬほど最新式のアーチユラ紙を使ふなり。その上重寶なるはその写真の大
きさが葉書大となり居る事にて，当店へ御来遊の紀念かたがた，遠方の御友
人や御親戚抔へそれを送らんとせらるゝ場合には，その写真の裏面へ文句を
かゝれ，切手を御貼になれば，それで事が済むなり。その上切手も店で売り
ポストも店内にある事故，顧客は殆と自動的に紀念写真を撮影せらるゝ事と
なるべし。是はど便利な写真成なれど定価は三枚一組たつた一円五十銭なり。
（『三越』第 1 巻第 6 号，三越呉服店，1911年）

史料 4 −11によれば，実際の色彩をそのまま写す天然色写真を導入し，写真
においてさらなる技術的改善が図られたとしている。

史料4－11

天然色写真の開始

当店の一時間写真は，今や天下の好評を博し，之が為めわざわざ当店へ来訪せらるゝ方々さへ見るに至りしが，当店は顧客の此御好意に酬ゆるため，更に天然色写真の瞬間撮影をなす事となれり。天然色写真とは御承知の如く実際の色をばそのまゝに写し取るにて，顔の色，衣服の色，色といふ色は写板の上に現はれざるは無し。然れば色の白きに誇り給ふ方方，衣裳調度に色彩の配合を苦心せられし方方の如き，レンズにそを写し入れしめてその天賦の美と，意匠の美とを世に伝うるを得べし。たゞ従来のオートクローム天然色原板にては，普通撮影の三分間を費し，写さるゝ方方の苦痛倦怠実に名状すべからず，当店の技師は深く此点の改良に留意し，終に苦心研究の結果独創の技術を以て，此至難中の至難なる撮影を晴雨に拘らず一瞬間に為し，志かもたゞ一時間内に出来し得る方法を発見し十月一日より貴需に応ずる事となせり。苟くも実際の「自己」を世に残さんとせらるゝ方方は，是非とも此写真を御撮影せらるゝ必要ありと信ず。此撮影一たび世に出でゝ，あらゆる真はレンズの中に入り，絵画の必要根絶せんとす。定価はキヤビネ板一枚金五円。（『三越』第1巻第9号，三越呉服店，1911年）

このように写真については，三越がイノベーションを起こし，洗練化していった。それゆえ，「日本写真界の泰斗柴田常吉技師長として，あらゆる最新の設備の下に営業す。天然色撮影，陶器焼付写真，一時間写真，輪転写真等は，当店写真部が其嚆矢で，また独特の技倆に誇る所でございます。」（『三越呉服店御案内』（三井文庫蔵 A091-19））とあり，三越に写真のノウハウが蓄積されていることがわかる。また，写真は，後述する三越劇場，ファッションショー，パイプオルガンの設置を含めて，百貨店の文化に紐づけされていた。写真は，百貨店で作り出した文化を写真として記録に残すことができたわけである。

なお，髙島屋は，1923（大正12）年4月，大阪店において写真スタジオを開設して追随している。

(5)　プライベート・ブランド

　三越では，第3章で考察したように，プライベート・ブランドにも力を入れていて，オリジナル商品を開発していた。三越の基準に合わない商品は仕入れず，プライベート・ブランド商品として商品開発まで手がけていったのである。それは，流行を捉えかつ三越でしか買えないオリジナル商品であった。

　これに追随したのが，松坂屋である。1911（明治44）年，呉羽ケープを，1912（大正元）年には，いとうレート，いとう歯磨を発売した（写真4-15）。

写真4-15　呉羽ケープといとう特製レート

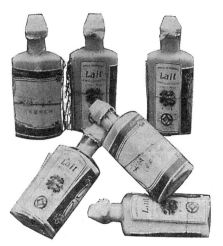

〈史料提供〉J．フロントリテイリング史料館。

『モーラ』（写真4-16）においては，史料4-12にみられるように，呉羽ケープについての説明がある。史料4-12から，呉羽ケープは社長がアメリカ土産に持ち込んだもので，日本の消費者に合うようにプライベート・ブランド商品として開発したことが確認できる。松坂屋の方が，上流顧客と接する中において顧客のニーズを知っていたためアレンジ力があり，それに基づいて，流行を取り入れた呉羽ケープを市場に投入することができた。

史料4-12

本品は，昨年弊社長渡米の土産として，米国のオペラケープに意匠を加へ，我邦の御婦人に適するやうに一新機軸を出して，世の一粲を乞ひしものにして，幸に時好に適し，多大の御賞讃を博したるを以て，本年は一層改良を加へ，御婦人用は勿論，殿方用をも新製せり，何卒倍舊御用命を願ふ

当店特製呉羽ケープ　口絵第三頁の写真と御引合を乞ふ

本品の特色は，コート道行類の姿格形其侭，究屈にして緩味なきに比して，余裕に富み，着心地の寛なるは勿論，身体の過不足を裏み隠して，容姿の美を整へる点にして，時代の新スタイルとしては申分なし，次には脱ぎ外し簡便にして，釦一つ掛くる手数もなく，寒気を防ぐには，手の保護の欠けたるコート類に比して，充分に遺憾なき点なり

地質は絹毛織物，薄羅紗等，目方の軽き最新柄を用ひ，代価は肩裏附十五円より，総裏附金二十円以上三十円位迄，御好みに従ひて調製す

（『モーラ』第20号，いとう呉服店，1911年（J.フロントリテイリング史料館蔵））

写真4－16　『モーラ』の表紙

〈史料提供〉J．フロントリテイリング史料館。

　松坂屋においても，流行を捉えるのではなく，発信していることがわかる。
松坂屋もプライベート・ブランドを開発したことは，百貨店は商品開発をして
流行を発信する，という百貨店業態のイメージとして収斂していった。

(6)　ホール

　松坂屋も，新たな挑戦をしている。1910（明治43）年3月，クレハ倶楽部
（ホール）を開設した（写真4－17）。舞台の広さで86㎡，観覧席168㎡，収容人

数300人であった。そこでは，半井桃水作機綾の里，四季の花の舞踊が披露された。

写真 4 −17　松坂屋のホール

〈史料提供〉 J．フロントリテイリング史料館。

　三越ホールは，1927（昭和 2 ）年 4 月に開設された（写真 4 −16）。同ホールは，116㎡のステージで， 1 階542席， 2 階136席を有した。こけら落としには，澤村宗十郎丈「奴道成寺」，守田勘彌丈「浦島」，喜劇「舞踏会の夜」が披露された。史料 4 −13から，モダンな大理石仕上げの壁，杉浦非水図案の緞張といった華やかなホールであること，ファッションショー，舞踏会，演奏会で活用されたことが確認できる。この三越ホールは，1946（昭和21）年12月，三越劇場と改称され，その運営は継続していった。

史料 4 −13

　三越少年音楽隊が発足したのが，明治四十二年四月，四十四年三月にはヨー

ロッパの国立劇場を模範とした帝国劇場が日比谷（その頃は丸の内と呼んだ）に新築開場した。間もなく大正と改元された。

　「今日は帝劇，明日は三越」というコピーが流行語の感じで流布したのはその頃。大正時代は「文化」と名がつくと新しいと受け入れられた時代だったのであろう。大正が十五年で終り，昭和二年六月に関東大震災後の仮建築から本館落成を機に，三越ホールがつくられた。当時としてはモダンな大理石仕上げの周壁，杉浦非水図案の斬新な緞張が目をひく劇場だった。こけら落しには七代目宗十郎や十三代目勘弥という帝劇の俳優が踊った。以後，ファッション・ショー，舞踏会，演奏会などに利用されてきた。

　（三越劇場編（1999），p.8）

(7)　下足預かり制度の廃止

　下足預かり制度の廃止は，1924（大正13）年12月松坂屋銀座店が導入し，1926（大正15）年9月松坂屋上野店，1927（昭和2）年4月松坂屋大阪店において採用された。

　三越では，1925（大正14）年9月三越本店が採用し，1926（大正15）年5月大阪店においても導入された。

　髙島屋は，1927（昭和2）年2月京都店で導入され追随した。1927（昭和2）年3月には大阪店においても採用されてる。

　史料4－14は，三越における下足預りを行なっている当時の店内の様子である。史料4－14から，下足預り制度により，百貨店の入口で渋滞・混乱が起きていたことが確認できる。したがって，下足預り制度の廃止は，店舗入口における顧客の動きの効率性を高めていくことになった。このことは，販売効率を高めるばかりでなく，顧客にとっても，百貨店に入店しやすいということにつながっていった。下足預り制度を各百貨店が廃止したことはまた，消費者に百貨店らしさを業態イメージとして植え付けることになった。

史料 4 - 14

　それから三越では年々四月一日からと，十月一日からと，年二回呉服の大
売出しを催して居たが，これが亦大変な人気で，朝開店前から玄関の大戸に，
五六百人がしがみ附いて居ていよいよ開店の時刻になる頃には行列が幾列と
なく続くと云ふ有様で，イザ開店となると，それこそ奔流のやうに押し寄せ
る。それを何十人といふ整理員が辛じて整理するし，下足掛は一々下足を預
る，中にはかういふ状態に年々馴れている客は，古い下駄を履いて来て，開
店と同時に其処に下駄をぬぎ捨てゝその儘売場へわれ先きにと駈けつける―
そのため主の無い下駄が山をなす。中には整理がしきれ無いで，勝手に履い
て行く―と云ふやうな客も無いではなかつたと云ふ騒ぎ。

　此の下足の整理は，今日市中に見る交通の整理と同じで，その措置を五分
間誤まると，それこそお客さんの洪水で，始末がしきれなくなる，そのため
随分と苦労したものである。（小松（1941），pp.408-409）

以上で考察したように，松坂屋は，三越に追随することによって，百貨店化
に伴って発生するリスクを軽減することができた。髙島屋も三越を模倣するこ
とによって，大規模投資によるリスクを抑制することができた。そして食堂，
少年音楽隊，送迎自動車，写真，プライベートブランド，ホール，下足預かり
制度の廃止が用意されているのが百貨店，というように消費者に認識さたこと
は，百貨店としての体裁を整えていくことにもなった。百貨店の模倣行動は，
全体としてみれば，百貨店らしさを消費者に業態イメージとして植え付けるこ
とになったのである。このように，百貨店各社の採用した行動が，共通の百貨
店イメージに収束したことは，日本における小売業の近代化に寄与していたと
言えよう。

第4節　模倣から差別化へ

　昭和時代になると，独自性を模索する動きが活発化する。百貨店ブランドが確立するにつれ，百貨店は独自の路線を追求していくことになった。

(1)　三越のファッションショー

　三越では，1927（昭和2）年9月，ファッションショーを三越ホールで開催した（写真4−18）。募集図案のうち，1等を水谷八重子が，2等を東日出子，3等を小林延子が着用して，浅妻，道成，蓬萊といった舞踏を踊った。これが日本初のファッションショーとされていることから，日本のファッションは三越がリードし，流行を発信していたと言えるだろう。このことは，三越らしさを形成していった。

写真4−18　三越のファッションショー

〈史料提供〉株式会社三越伊勢丹。

(2)　三越のパイプオルガン

　三越は，1930（昭和 5 ）年 5 月，パイプオルガンを設置した（写真 4 –19）。これは，米国マイテー・ウエルリッツァー社製の最新式のもので， 7 階ギャラリーに設置された。史料 4 –15から，三越の店内においてパイプオルガンが演奏され，このことは来店目的につながったと理解できる。パイプオルガンの設置は三越ならではであって，売場にゴージャス感を演出した。パイプオルガンの設置によって，三越は豪華である，というイメージをさらに消費者に植え付けることになった。競合百貨店が追随できなかったので，三越らしさを形成することになる。百貨店の中でも三越のみは違う，という消費者に形成されるイメージの拡散につながった。

写真4—19　三越のパイプオルガン

〈史料提供〉株式会社三越伊勢丹。

史料 4 –15

新購入のパイプオルガン

三越ギャラリーに据付

三越では今回米国から最新式のパイプオルガンを購入して，七階ギャラリー
に据付けました。右は世界に定評あるマイテー・ウエルリツツアー会社製の
もので，電力によつて奏楽する頗る大仕掛けの構造でメーンオルガンの間口
十六呎，奥行十一呎，高さ十呎，又ソロオルガンの方は間口一六呎，他は同
様ですから，全体では間口が二十七呎もあります。日本でも斯様に大きい新
式のパイプオルガンは他にありません。先日より此の新楽器による独特の奏
楽によつて，御来店の皆様をお慰め申上げてゐますから，御清聴をお願ひい
たします。(『三越』第20巻第6号，三越呉服店，1930年)

(3)　松坂屋の動物園

松坂屋が，独自に模索する動きもある。1925(大正14)年5月，屋上に動物
園が開設された(写真4-20)。これは，日本ではじめての屋上動物園とされる。

写真4-20　松坂屋の動物園

〈史料提供〉J.フロントリテイリング史料館。

（4） 松坂屋のエレベーターガール

　松坂屋では，1929（昭和4）年4月，上野店と銀座営業部において，エレベーターガールを採用して注目を集めた（写真4－21）。

写真4－21　松坂屋のエレベーターガール

　〈史料提供〉　J．フロントリテイリング史料館。

（5）　髙島屋十銭ストア

　髙島屋が独自色として打ち出したのが，髙島屋十銭ストアという新業態開発である（武居（2010），井形・武居（2020）を参照）。1931（昭和6）年8月，髙島屋十銭ストアを開店し（野田阪神店，大正橋店），その後，関東・関西を中心にしてチェーン展開した（図4－1）。髙島屋は，髙島屋十銭ストアのドミナント展開という所で，独自の方向性を打ち出していった。

図4－1　高島屋十銭ストアのドミナント展開

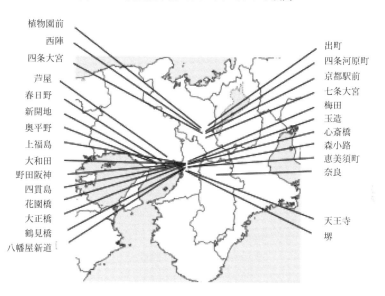

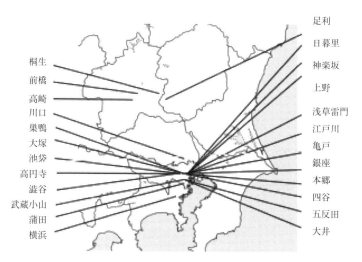

（出所）井形・武居（2020），p.238。

　以上のように，松坂屋や髙島屋が新機軸を打ち出す方向を模索していったことは，同じ百貨店でありながら異なるイメージを顧客に植え付けていったと言える。これらの相違は，それぞれの百貨店の違いとして認識されていった。

第5節　バックヤードのイノベーションと模倣

　百貨店のイノベーションは，販売面だけにとどまらなかった。バックヤードでも，効率性を追求していった。仕入面については，買宿制度の導入をあげることができる。この買宿制度は，江戸時代の三井越後屋のイノベーションで始まったものである（表4－2）。表4－2から，松坂屋，髙島屋が追随していることを指摘できる。

表4－2　買宿制度の模倣・追随

三井越後屋の買宿制度			いとう松坂屋の買宿制度	髙島屋の買継（明治時代）
貞享元（1684）年	越後十日町買宿	青山市右衛門	文政7（1824）年時点	八王子買継問屋
享保7（1722）年	上州買宿	星野金左衛門	奥州川俣　菅野与右衛門	伊勢崎買継問屋
元文5（1740）年	江州買宿	梅原又右衛門	上州高崎　清水関八	桐生買継問屋
天明2（1782）年	伯州買宿	西紙屋	武州八幡　阪本伝平	足利買継問屋
寛政12（1800）年	雲州買宿	西台屋	京都　千切屋治兵衛	秩父買継問屋
寛政頃	八王子買宿	井田林右衛門	仙台国分町　奈良屋八兵衛	甲斐絹買継問屋
天保頃	青梅買宿	奥野忠左衛門	武州所沢　正田屋政治郎	米沢買継問屋
			武州大宮　大森喜右衛門	米沢紬買継問屋
			甲州谷村　銅屋奥次右衛門	越後柏崎買継問屋
				越後小千谷町買継問屋
				越後栃尾買継問屋
				越後加茂町買継問屋
				越後十日町買継問屋

（出所）武居（2014），pp.43-44，p.138；髙島屋本店編（1941），pp.73-75より作成。

　第 3 章でも考察した商品別管理制度を先んじて導入したのは，三越である。『東京朝日新聞』明治41年 4 月 9 日付の新聞広告において，洋服部，帽子部，洋傘部，化粧品部，靴鞄部，小間物部，貴金属部，玩具部，写真部，美術部といった10の部が紹介されていて，すでに三越では商品別に管理されていることがわかる（表 3 - 3 ）。さらに，1914（大正 3 ）年には，食料品部，茶部，鰹節部，花部が増設されている。取扱商品の拡大につれ，商品別に管理していくことで効率性を高めていったのである。

　これに追随したのが，松坂屋である。松坂屋で商品管理別制度が導入されたのは，1918（大正 7 ）年 2 月である。1920（大正 9 ）年 2 月には，第 1 部綿布，縞絣，帯地類，第 2 部綿布無地形染類，第 3 部毛織物類，第 4 部友禅形染類，第 5 部絹布無地石持類，第 6 部御召綾糸袴地類，第 7 部銘仙大島紬，第 8 部帯地緞子類，第 9 部麻布類，第10部半襟小物類，第11部出来上り品，第12部洋雑貨類，第13部ショール，洋傘，履物類，第14部食料品類，第15部貴金属，時計類，第16部靴鞄類，第17部頭飾品類，第18部家具，陶磁器類，第19部袋物類，第20部化粧品類，第21部児童用品類，第22部文房具，玩具類，第23部節句飾物類，第24部洋服，トンビ類の24部が整備されている（松坂屋百年史編集委員会編（2010），p.55）。

　このように，取扱商品の拡大に対応して，バックヤードの制度も整備されていったのである。

　次に，商品試験室についても三越が先んじている。三越では，1912（明治45）年 7 月，染織物堅牢度試験台を新設して，これが商品試験施設の始めとされる。その後，1927（昭和 2 ）年 5 月，商品試験室を開設し，次の調査・試験・検査を手がけた。

　①繊維製品の変色調査
　②強度・摩耗試験
　③細菌検査
　④衛生試験・・・食品，玩具，化粧品，食器を対象
　（三越本社編（2005），p.117）

　また史料4－16から，商品試験室はただ単に調査・試験・検査を行なうばかりでなく，その結果如何によっては，製造業者に改善を促がす役割も担っていて，品質の向上につなげていることが確認できる。

史料4－16

　当店の商品試験室にては，専ら繊維工業関係品につき試験をなし，売品の良否を鑑別すると同時に，製造業者に注意を促し，改良と発達を計り，優良品の提供に努めて居りますから，商品の品質，改良すべき点等につき御気付きの際は，何卒御遠慮なく営業部まで御申出を願ひます。

　染織物，海水着，敷物，窓掛，靴下，襯衣，洋傘等につきましては，夫々用途に適応し，御安心の上御買求め願へる様，地質染色仕上等に充分の注意と研究とを致して居りますが色相，趣味，柄合，地質，用途，価格等の関係上から，品物の御取扱に就て，御参酌を願はねばならぬ点が相当御座いますので，今後時期に応じ，必要と考へられます商品に就き，洗濯法，保存法，汚染抜法，仕上法等の要領を申述べ，御参考に供し，永く品物を害はぬ様致し度いと存じます。(『三越』第20巻第8号，三越呉服店，1930年)

　これについては，髙島屋も追随する。1917（大正6）年東京店商品試験室を開設し，1936（昭和11）年大阪南海店商品試験室を開設した。

　このように徹底して品質管理したことは，顧客からの評価につながっていった。

　メッセンジャーボーイを先駆けて行ったのも，三越である。1909（明治42）年9月，メッセンジャーボーイを編成し，英国風制服を着用して，帽章，肩章，徽章，袖章をつけて配達にあたった（写真4－22）。

　豊泉益三は，メッセンジャーボーイについて，史料4－17のように回顧している。この場合，日比翁助の発案で始まっていて，メッセンジャーボーイの制服をロンドンに注文するほどの力の入れようであったことが伺える。商品配達においても，さらなる効率化に努力が払われていたわけである。

写真4-22 三越のメッセンジャーボーイ

〈史料提供〉株式会社三越伊勢丹。

史料4-17

　欧米ではメツセンジヤーボーイが小形の帽子を頭へ斜にかぶりスマートな服装で自動車に乗り小包や配達や手紙の用達をして居る姿が甲斐々々しいので，これを日本に写して御買物の配達に使用したらよからうと，日比様の御命令によつて，早速ロンドンで其服装一式を注文しこれを持帰つて，少年を募集しメツセンジヤーボーイの一部を新設しました……一時は七十人も居りました，自動車の発達により現在では組織もかはりましたが，各デパートもこれを模して服装の飾り色や帽子を変へて，メツセンジヤーボーイを置くやうになりました。(小松編（1933），p.54)

　これに松坂屋が追随して，1911（明治44）年1月，メッセンジャーボーイを名古屋本店に設置した。導入当時は，自転車が活用されたが，1914（大正3）

年4月，配達馬車を活用するようになり，1916（大正5）年8月，メッセンジャーボーイをデリバリーと改称し，1917（大正6）年6月には，配達自動車で商品を配達するようになるといった改善が積み重ねられた。

　以上で考察したバックヤードにおける模倣行動は，百貨店のマネジメントを軌道に乗せることに役立つことになる。そういった意味で，百貨店の販売面を支えていたと言える。

第6節　百貨店間の協調行動

　百貨店間の行動においては，競争が繰り広げられるばかりでなく，協調的行動もとられていた。写真4－23は，松坂屋が百貨店化にあたって，三越に挨拶に行った時に撮影された写真である。左から，三越の日比翁助，藤村喜七，松坂屋の伊藤祐民となっている。この写真4－23から，トップ同士においては交流があり，百貨店の経営者同士は連携されており，百貨店ビジネスに向けて一定のコンセンサスがあったと言えるだろう。

　1911（明治44）年5月，第3回児童博覧会褒賞授与式において，三越は松坂屋の伊藤守松，松屋の古屋徳兵衛，白木屋の大村彦太郎を招待しており，協力して百貨店を定着させていこうとしていることが認識できる（三越本社編（2005），pp.76-77）。また，1914（大正3）年の大正博覧会においては，三越少年音楽隊といとう呉服店少年音楽隊とのコラボレーションを行っていて，百貨店間の協調が図られている（松坂屋百年史編集委員会編（2010），p.53）。こうした協調行動は，百貨店としての結束を高めると共に，消費者に同じ百貨店業態のイメージが伝達されていくことになった。

　髙島屋においては，明治後期において，京都店店長の飯田政之助，大阪店店長の飯田忠三郎がそごうの重役らとともに三越に視察に赴いている（そごう社長室広報室編（1969），p.107）。このことから，髙島屋も松坂屋と同様に，百貨店化にあたり三越の影響を受けていることが指摘できる。

写真 4 − 23　百貨店の立役者 3 名の写真

〈史料提供〉 J ．フロントリテイリング史料館。

　さらに競合同士の結びつきを強めたのが，1919（大正 8 ）年，五服会の結成
である。メンバーは，三越呉服店，松坂屋呉服店，松屋呉服店，白木屋呉服店，
髙島屋呉服店で構成された（武居（2014），p.185）。この五服会は，組織として
業界で手を結んだという点で大きい意味があった。そこで， 1 か月に 1 回会合
がもたれたことは，業界の価値や方向性を共有するには，十分な回数であった。
その後，1924（大正13）年，日本百貨店協会と改称し，名古屋松坂屋本店，京
都大丸呉服店，十合呉服店，大阪大丸呉服店，髙島屋長堀店，三越大阪店，白
木屋大阪店，松坂屋大阪店が追加され，現在までその組織は継続している
（武居（2014），p.185；鈴木編（1998），p.39）。

1926（昭和元）年には，大正天皇崩御慶弔広告を百貨店の共同で出しており，その点でも連携が図られていることを確認できる（写真4−24）。

写真4−24　6百貨店の大正天皇崩御敬弔広告

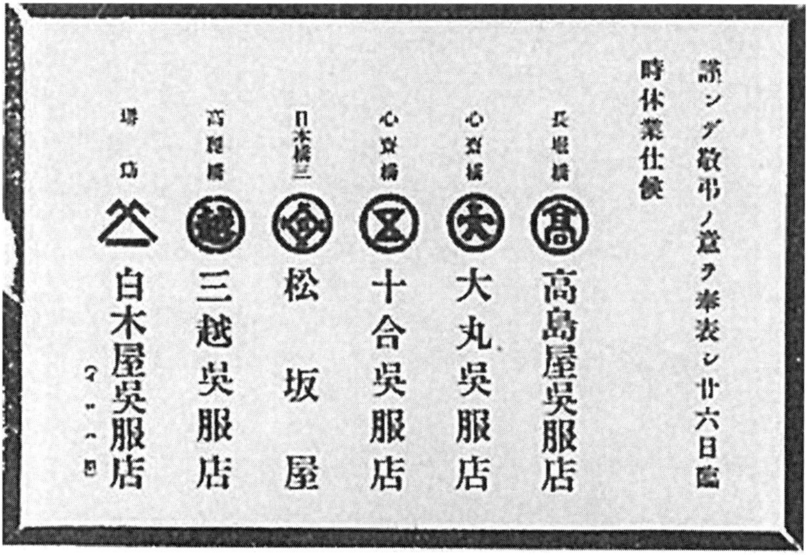

〈史料提供〉 J．フロントリテイリング史料館。

昭和初期になると，百貨店への風当たりが強くなり，中小小売商との摩擦が大きくなる。そして，日本百貨店協会は，1932（昭和7）年8月，自制協定声明書を発表した。それまで，定休日については史料4−18の通りであり，定休日がばらついていた。

史料4−18

三越の定休日

1919（大正8）年10月5日　　定休日制実施，第1・第3日曜日

1920（大正9）年9月　　　　定休日を毎月10日，25日に変更

松坂屋の定休日

　　1919（大正 8 ）年10月20日　　東京営業部の定休日　毎月20日， 1 月 1 日，
　　　　　　　　　　　　　　　　　 2 日
　　1919（大正 8 ）年11月　　　　名古屋営業部の定休日　毎月第 1 ・第 3 日曜
　　　　　　　　　　　　　　　　　日， 1 月 1 日～ 3 日，紀元節，天長節
　　1920（大正 9 ）年12月　　　　名古屋店の定休日　毎月20日， 1 月 1 日
　　（三越本社編（2005），pp.94-96；松坂屋編（1964），pp.150-151）

　その中で， 1932（昭和 7 ）年，日本百貨店協会は自制協定を声明・発表し，
6 大都市百貨店においては，毎月 8 の日には一斉休業することになった（鈴木
編（1998），p.39）。例えば，三越においては，「毎月一斉に三日間（八日，十八日，
二十八日）休業すること（但し中元，歳暮の売出し期間中は之れを除きます）」（写真
4 – 25）とあり，これに対応している。このことは，百貨店は 8 のつく日にち
が定休日である，という消費者の認識につながっていった。また，1937（昭和
12）年10月，百貨店法が施行され，これを受けて閉店時刻が定められ， 4 月 1
日～10月31日の期間は午後 7 時，11月 1 日～ 3 月31日の期間は午後 6 時閉店と
なった（鈴木編（1998），p.45）。その結果，百貨店は午後 7 時，午後 6 時に閉店
することが，消費者に共通の認識として形成されることになった。

写真４－25　三越における百貨店の自制と本店所在地告知

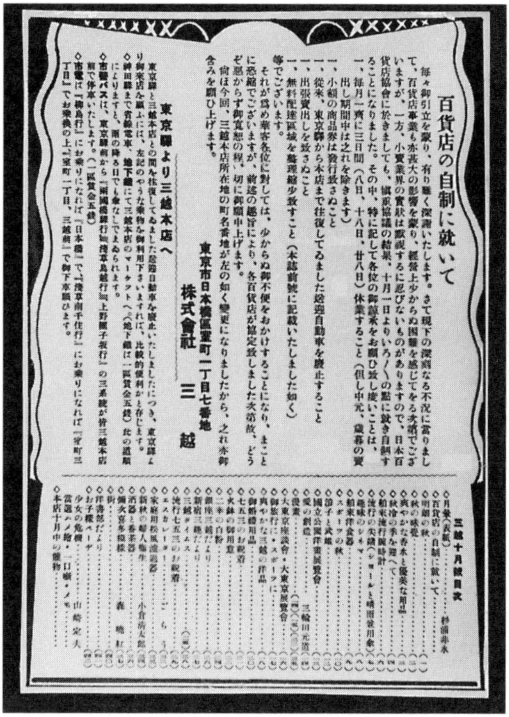

百貨店の自制に就いて

毎々御引立を蒙り、有り難く深謝いたします。さて現下の深刻なる不況に當りまして、百貨店事業も亦甚大の影響を蒙り、經營上少からぬ困難を感じてをる次第でございますが、一方、小賣業界の實状は默視するに忍びないものがありますので、日本百貨店協會に於きましても、愼重協議の結果、十月一日よりいろ／＼の點に就き自制することになりました。その中、特に記して各位の御諒承をお願ひ致し度いことは、

一、毎月一齊に三日間（八日、十八日、廿八日）休業すること（但し中元、歳暮の賣出し期間中は之れを除きます）

一、小額の商品券は發行致さぬこと

一、從來、東京驛から本店まで往復してゐました送迎自動車を廢止すること

一、出張賣出しを致さぬこと

一、無料配達區域を整理縮少致すこと（本誌前號に記載いたしました如く）

等でございます。

それが爲め華客各位に對しては、少からぬ御不便をおかけすることになり、まことに恐縮でございますが、前述の趣旨により、各百貨店が協定致しました次第故、どうぞ惡からず御寛恕の程、切に御願申上げます。

尚ほ今回、三越本店所在地の町名番地が左の如く變更になりましたから、之れ亦御含みを願ひ上げます。

東京市日本橋區室町一丁目七番地

株式會社　三　越

東京驛より三越本店へ

東京驛と三越本店との間を往復してゐました送迎自動車を廢止いたしましたにつき、東京驛より御來店を願ふには、左記のやうな乗物を御利用下さいますれば、比較的便利かと存じます。

◇神田驛まで省線電車、地下鐵にて三越本店のマーケツトへ。（地下鐵は一區賃金五錢）此の道順によりますと、雨の降る日でも傘なしでまゐられます。

◇市營バスは、東京驛前から『兩國橋驛行』『淺草島越行』『上野廣小路行』の三系統が皆三越本店前で停車いたします。（一區賃金五錢）

◇市電は『御島行』にお乗りになれば『日本橋』で、『淺草雷門行』にお乗りになれば『室町三丁目』でお乗換の上『室町一丁目、三越前』で御下車願ひます。

三越十月號目次

〈史料提供〉株式会社三越伊勢丹。

以上で考察したように，三越のイノベーションにより出発した百貨店化であるが，その後競合呉服店の百貨店化が相次ぎ，百貨店競争が激化していった。とりわけ，百貨店間で小売サービス合戦がヒートアップしていった。この小売サービスで差別化を図る過程は，洗練化の過程につながっていった。アピール合戦が繰り広げられたが，同じ方向で競争していったことは，共通の百貨店業態のイメージに収束していった。このように，百貨店が日本社会で定着したことには，競合百貨店の行動が影響していた。百貨店間で協調行動がみられ，こうしたことも，共通の百貨店業態イメージを消費者に形成させるものとなった。さらに拍車をかけたのが，1932（昭和７）年８月の自制協定声明書である。こ

れらも，百貨店のブランド・イメージを維持するものとして機能した。なお，百貨店が独自に行った取り組みは，三越らしさ，松坂屋らしさを形成するものとなった。

　三越のイノベーションと各百貨店の模倣・追随行動により，近代的小売流通機関としての百貨店が誕生したわけである。このことは，三越の小売業者としての基盤を確固たるものにしたばかりでなく，三井財閥の小売機関としての役割を遂行するための地位を確立していくことになった。三井財閥の中には小売機関がなかったため，三越が消費者と接点をもつ小売機関においてリーディングカンパニーになりえたことは，三井財閥のミッションを遂行するために十分たりうる存在意義を発揮した。

〈注〉
(1)　丸善については，丸善編（1980）に依拠している。
(2)　本書で松坂屋の記述については，松坂屋百年史編集委員会編（2010）に依拠している。
(3)　本書で髙島屋の記述については，髙島屋本店編（1941），髙島屋135年史編集委員会編（1968），髙島屋150年史編纂委員会編（1982），に基づいている。

第5章　三越のイノベーションとマスメディア戦略

第1節　三越の販売促進戦略

　本章の目的は，三越のイノベーションとマスメディア戦略について考察することである。まず，三越の販売促進で注目できるのが，雑誌による販売促進活動である。三越は，1899（明治32）年1月，『花ごろも』を発行した。『花ごろも』の発刊の辞は，史料5－1の通りである。この場合，史料5－1から，流行をかなり意識していて，三井呉服店は流行を作り出している，というメッセージを強く発信していることがわかる。また，得意客に向けた情報発信となっている。顧客を『花ごろも』の読者にすることによって，得意客の囲い込みを図っていることが確認できる。

史料5－1

元禄宝永の昔，晋子其角が「越後屋が絹さく音や衣かへ」と吟たる其越後屋も当今は三井呉服店と改まりて花の都の日本橋，富士を一目に駿河町，高き愛顧の御影にて昔も今も変らぬ繁昌，唯変り行くは世態にして汽船汽車に通人達北は北海道の端より西南は九州台湾さては満洲諸国までも一片の郵便にて注文を発し一個の小包に反物を送りて千里の遠きも座りながら売買の出来る世の中とは為りぬ，是に於て三井呉服店は広く愛顧の便利を謀り遠近共に所好の品を買ひ易からしめんが為め種々の新案を凝すと同時に流行に先ちて流行を作り日新の勢に後れざる其有様を愛顧の方々に告げ知らせ其平生に酬ゆるの一端とも為さばやと思ひ此程より其材料を集めたりしが我田引水手前味噌にて商売の広告集ばかりとなりても妙ならずと扱ては世の大家先生を訪

ふて呉服縁ある論説考証又は小説の類を求めたるに何れも忙かはしき最中な
れども餘りの思付の健さに一筆走り書きして取らせんとて寄稿も直に集まり
たれば遂に斯る一冊子を為すに至れり

あはれ此一冊子が我愛顧の方々をして今の流行の有様を知り又当店の実やか
なる働きを知らしむる便ともなり又併せて春の日永の御伽草とも為りたらん
には編者の本懐何ものかこれに過ぎむ因て発行の次第を選ぶること然り

明治三十二年一月（小松編（1933），pp.64-65）

史料5－2は『夏衣』，史料5－3は『春模様』のはしがきである。史料5－
2，史料5－3をみると，「御愛読」，「御得意様方」，「御愛顧」とあり，得意
客に向けた流行を発信するための雑誌であることが理解できる。

史料5－2

去る一月花衣出てゝ御得意様方の御愛読を忝うせしより一年両度位は此様の
流行案内を出版して我等に分てよと仰越さるゝ御言葉に従ひ当夏の御用にも
と工夫を凝して染め出し又は織り上げたる品々の七つ八つを彩色入に写し出
して一小冊子と為し之を夏衣と名つけて又々御得意様方に寄贈することゝは
為せり偖ても早きは四季の変遷立ちそむる霞の衣肌寒き春の朝に亀井戸や蒲
田杵川の梅を見しは実にきのふ今日と思ひしに上野墨田は花衣袖を連ねて櫻
狩り酒痕の香は残れども世は万緑にほとゝぎす花の衣を脱ぎ換へて早夏衣着
る時とはなりぬ時候の遷ると流行の変りとは走馬灯も何の物かは頓には秋風
の渡らぬ先に早々夏衣見しませませと編者申す。

亥の五月（明治三十二年）

（小松編（1933），p.65）

史料5－3

旧年中は毎度御愛顧を蒙りまして難有仕合に存じます又新年も相替らず御晶
負を願ひまする其相替らぬ御得意様方に相替りましたる流行の花模様を御覧

に入れまして替る替る御用をお願ひますが此冊子を発行致しましたる主意で
御座ります

見渡せば柳櫻とこきまぜて都ぞ春の錦なりける夫れは天然の錦是れは其錦を
見る人の綺麗何れ劣らぬ美観こそ実に太平の春に背かぬもので御座ゐませう
是よりやがて亀井戸の梅墨田川の櫻と移り行く彼の花模様と相対して衣紋に
輝く意匠の花の此冊子より咲き出ずることもあらば編者の幸福之に過ぎず誠
に本懐の至りで御座います

明治三十三年一月

　（小松編（1933），p.66）

　その後，第3章でも考察したように，三越は，1904（明治37）年12月，イノ
ベーションを起こし，これまでの呉服店から百貨店へ舵を切った。呉服店から
デパートメントストアという新しい業態に切り替えた時に重視されたのが，新
規顧客・不特定多数の顧客の取り込みである。それに伴い，業態転換というイ
ノベーションを起こしたことについて，顧客に知らしめる必要があった。『花
ごろも』，『夏衣』，『春模様』という雑誌は，得意客を対象として情報発信して
いて，新規顧客の取り込みには限界があった。1904（明治37）年12月，百貨店
に方針転換したことを，得意客に向け手紙を発送して情報伝達したが，手紙で
は発送部数も限られ，新規顧客にはなかなか到達しなかった。そこで，積極的
に活用したのが，新聞広告である。呉服店から百貨店に業態転換したことを，
当時最大のマスメディアであった新聞広告を活用して，広く周知した。新聞広
告というマスメディアを活用して，新規顧客に直接的に働きかけていったので
ある。

　ここで，三越の販売促進の要素を整理すると，史料5－4のようになり，百
貨店の価値をさまざまな媒体を通して情報伝達していった。

史料 5 － 4

(1) 引札

(2) 雑誌

1899（明治32）年1月	『花ごろも』
1900（明治33）年	『夏衣』
1901（明治34）年	『氷面鏡』
1903（明治36）年8月	『時好』，月刊（A5判，66ページ，1万6000部）
1903（明治36）年11月	『みやこぶり』，季刊
1908（明治41）年5月	『時好』の廃刊，
1908（明治41）年6月	『みつこしタイムス』，旬刊
1908（明治41）年10月	『みつこしタイムス』旬刊から月刊へ
1911（明治44）年3月	『三越』，月刊，5万部
1914（大正3）年1月	『文芸の三越』
1914（大正3）年5月	『みつこしタイムス』を『三越』に合併
1924（大正13）年3月	『三越カタログ』
1924（大正13）年12月	『三越』の復活（1923（大正12）年9月号から休刊）

『三井呉服店御案内書』（三井文庫蔵　A091-20）

『三越呉服店御案内』（三井文庫蔵　A091-19）

(3) 新聞広告

(4) 看板・ポスター

(5) 富士山に看板

1908（明治41）年7月	富士山頂と登山道に広告板

(6) 自動車による企業広告

1903（明治36）年4月	クレメント号による配達→三井呉服店名の記載

(7) キャッチコピーの活用

1911（明治44）年3月4日	帝国劇場における広告のキャッチコピー

「帝劇を見ずして芝居を談ずるなかれ。三越を訪わずして流行を語るなかれ」

1914（大正 3 ）年～1915（大正 4 ）年頃　帝国劇場のプログラム広告にみられるキャッチコピー「今日は帝劇，明日は三越」

（8）アドバルーン

1931（昭和 6 ）年10月　　　アドバルーン広告，市内30カ所

（三越本社編（2005）を基に作成。）

この中でも，とりわけユニークな広告をみていこう。まず，富士山に大看板を設置するという広告戦略である。これについて，史料 5 － 5 をみていくことにしよう。

史料 5 － 5

　富士は如何なる山ぞや。必らずしも日本一の高山とは申しませぬが，其形ちの秀麗が世界に冠絶して居る山で，八面珍瓏の儀容には，何人と雖も天下の名山たる事に疑を挟むべうもござりませぬ，されば，

　三越は如何なる商店ぞや。規模敢て欧米のそれを凌ぐと云ふ次第ではありませぬが，尠くとも日本に在つて，デパートメント，ストーアの元祖であります。

　由来富士と三越とが因縁の浅からぬ所以，それは一にして足りますまいが，町名を駿河町と云ふ位，昔から三越の店を出ると真正面に富士が見える，恰かも富士が我が三越を守るかの如くに見えるところから，三越は凡ての商標にも富士を用ゐて居りますので，既に故紅葉山人の如きも三越を出て此玲瓏たる富士を仰ぎ「白栲のきさらぎ寒し駿河町」の句を得られた位です。されば三越と富士とは昔から相互連想の主客となつて居りますので，富士は日本一の名山，三越はデパートメント，ストーアの元祖，相俟つて東海の二名物になつて居ります。

　成程さう申して見ますると，三越は我実業界に於けるデパートメント，ス

トーアの元祖ですが，富士は又自然界に於けるデパートメント，ストーアの本家でもありませう！

（中略）

　広告の図案は久保田米齋氏と杉浦非水氏とで，金明水，銀明水，胸突八丁の頂き等に樹てたものは，鉄板へ光琳式の松と㉑の制札，大さは凡て竪六尺に幅三尺，又頂上浅間神社宿泊所の内部を飾つたものは，ズツク製の幕（竪六尺に幅九尺）のもの二枚を折廻し，これには横に三越呉服店と大きく現はした意匠画と富士山頂一目案内と題する平面図とを現はした（中略）もので，これ等の諸材料を山巓まで担ぎ上げた苦心は一通りではありません。

　図案の出来上つたのが，さうです七月の十八日で，広告隊がこれを齎らして御殿場から登山の準備に着手したのが同二十一日，彼の有名な強力鬼熊を始め，一隊の強力は凡て当店の襟印ある袢纏に身を装ひ，東京三越呉服店の旗を朝風に翻へして，同地の旅館住吉館の出発，東表口即ち中畑道から進んだ光景は，勇ましくもまた見事なものでありました。かくて一隊は炎熱と闘ひ，困難と打勝ちつゝも，無二無三に猛進して，先づ胸突八丁の頂きに第一の目的を達し，更に第二，第三と如上の成功を告げて，無事下山し，隊員の東京へ帰つたのが恰かも同月二十四日であります。

　あゝ，如此にして由来因縁の浅からざりし富士と三越とは，今夏を以て芽出度握手したのであります。富士へ登山の方々は山頂到るところ当店の商標㉑に接せられる事でせう。かくして一椀の金明水に咽喉の渇きを醫された時，雲間靉靆として遥かに三越の三階樓上を望むやうなお気も致しませう。繰返す，富士と三越とは今夏を以て芽出度握手したのであります。

　（『みつこしタイムス』第 8 巻，三越呉服店，1908 年）

　このように富士山における看板は，日本一の富士山と，日本一の大規模商店である三越をかけ合わせたものであった。富士山への看板の設置は，並大抵のことではなかったわけであり，そこまでしても，三越は富士山の看板にこだわりがあったと言えよう。富士山と連動させることによって，話題性を作り出す

ことにも余念がなかったのである。富士山の看板は，新聞や雑誌とは異なる顧客層にアピールした。それは口コミでの広がりを狙ったものであり，その広告効果は予想以上のものであった。

　次に，クレメント号による広告である（写真 5 - 1）。クレメント号というのは，三越の配達自動車で，荷物を配送するための自動車である。これが日本初の貨物自動車とも言われていて，配達自動車として注目された。本来，クレメント号は配達の利便性を提供するものであったが，自動車に三井呉服店と大きく書かれてあったため，自動車は動く広告としても機能していた。自動車は配達にさまざまな地域を移動するため，広域的にコマーシャルする効果があった。話題性に富む題材においても，宣伝を仕掛けていったわけである。しかも，雑誌や新聞広告ではカバーできない，異なる顧客層に到達することができた。この自動車をみた人々には，三井呉服店の名前を強化させることとなった。

写真 5 - 1　三越の配達自動車　クレメント号

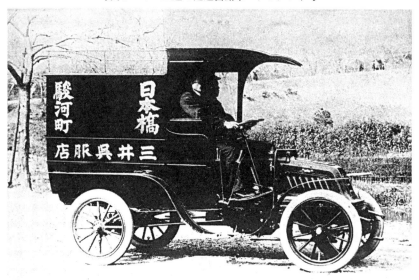

〈史料提供〉株式会社三越伊勢丹。

　そして，アドバルーンについてである。アドバルーンという大胆で奇抜な宣伝方法は，三越の斬新さを強調することになった。

　このように多様な広告手段を用いて人々の注目を集め，話題性を提供していったわけであるが，三越では，不特定多数の顧客に対する情報発信を推進しており，次節では，当時最大のマスメディアであった新聞広告と，『三越呉服店御案内』を取り上げて考察することにしよう。

第2節　三越のマスメディア戦略

　三越は，前述の通り，百貨店という新しい業態に切り替えたことを，当時最大のマスメディアであった新聞広告を通して広く周知して，新規顧客のニーズを掘り起こしていった。同社は，デパートメントストア宣言をマス媒体である新聞広告を活用して，全国主要新聞各紙，1ページ広告で展開した（新聞広告5－1）。新聞広告は，不特定多数に情報伝達する効果があり，三越の注目度を高めていくことになる。

　新聞広告5－2は，出来合いの裂地の販売広告となっているが，この新聞広告で注目されるのが，見出しの「三越呉服店御来店者の御便利」と，本文の「何卒御光来の上，実用向出来合裂地の如何に便利なるかを御覧被下度候」という文言である。新聞で広告することによって，顧客にダイレクトに来店を促していることが理解できる。百貨店化して重視された戦略は，不特定多数の顧客の取り込みであり，そのためマスメディアを通して，直接的に働きかけていったのである。

新聞広告 5 － 1　三越のデパートメントストア宣伝の新聞広告

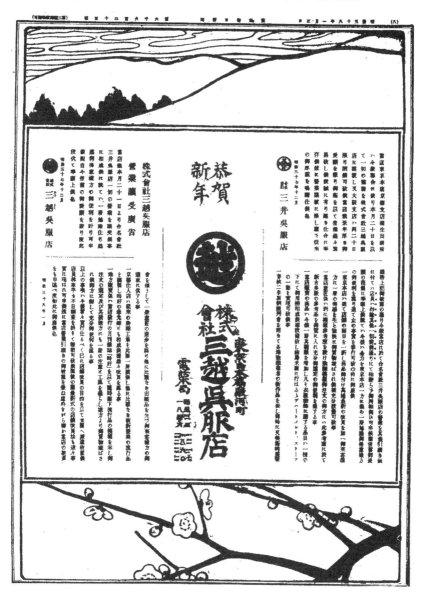

（出所）『東京朝日新聞』明治38年 1 月 3 日付。

138

新聞広告 5 − 2 　来店広告

（出所）『東京朝日新聞』明治40年 1 月 3 日付。

　顧客に百貨店に来店してもらうためには，イノベーションの内容を周知することが必要になってくる。新聞広告 5 − 3 は，取扱商品について紹介されている新聞広告である。呉服については，流行ということがアピールされている。デパートメントストア宣言を行って各種商品を取り扱うようになったわけであるが，呉服以外の各種商品については，輸入品であることが強調されている。そして，「香水，石鹸，手巾，櫛簪，袋物類，帽子，洋傘，靴，鞄及旅行用品類，貴金属，文房具其他児童用品類，新美術品，写真撮影，室内装飾用品類」とあり，取扱商品の多様化をアピールしていることが指摘できる。

新聞広告5－3　新流行・新輸入についての広告

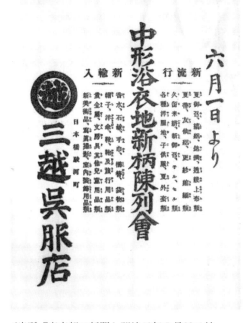

（出所『東京朝日新聞』明治42年5月29日付。

　新聞広告5－4では，輸入品を取り扱っていることを強調するため，仕入れについてアピールされている。なぜ三越が輸入品を取り扱うことができるか，それは独自に仕入経路を開拓しているからであるとしている。すなわち，パリ，ロンドンより最新流行品を仕入れていること，シベリア鉄道で仕入れていること，仕入担当者が豊泉益三であることが強調され，確実に輸入品を取り扱っていることがアピールされており，これにより新規顧客を引きつけていったわけである。

新聞広告5－4　シベリア鉄道経由の仕入れルートの広告

（出所）『東京朝日新聞』明治40年12月25日付。

　三越は，プライベート・ブランド商品に力を入れており，三越ベールについて宣伝している（新聞広告5－5）。新聞広告5－5では，「目下全国の大流行を来たせる三越ヴェールは他に類なき当店独特の新案物にして今や貴婦人令嬢

新聞広告5－5　三越ベールの広告

（出所）『東京朝日新聞』明治41年5月18日付。

方には必要欠く可からざる者と相成申候」とあり，三越でしか買うことのできないオリジナル商品である，という強いメッセージが打ち出されている。また，三越ベールをかぶった夫人と富士山を組み合わせて，インパクトのある絵を採用している。顧客の目を引く広告戦略を打ち出すことによって，新しい需要を喚起していった。

　新聞広告5－6では，歳末年始御贈答品売出し，羽子板売出しといった売出しや，食器新製品陳列会，正月掛画幅陳列といったイベントが催されることについても情報伝達している。売出し，陳列会といったさまざまなイベントを仕掛けていて，「右何れも盛大に開会仕候間賑々しく御来観下され度奉願上候」とあり，最先端の商品を陳列することによって，より多くの顧客を取り込もうとしている三越の姿勢が伺える。

新聞広告5－6　売出し・陳列会についての広告

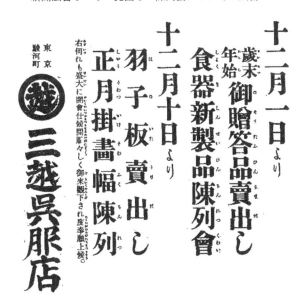

（出所）『東京朝日新聞』大正2年12月1日付。

　また，各種の小売サービスにおいても，新聞広告を展開している（新聞広告
5−7）。新聞広告5−7では，三越呉服店の新しい魅力として，食堂，写真
場，実物幻燈がアピールされている。なかでも，食堂については，「御食事五
十銭，御すし十五銭，日本菓子五銭，西洋菓子十銭，コーヒー五銭，紅茶五銭」
と，メニューと定価まで表示されていたり，実物幻燈については，「当分の内
毎土曜日（雨天ならば翌日曜日）午後六時より八時半迄駿河町通三井銀行前当店
門上に於て最新舶来実物幻燈を催し猶最近の活動写真をも御覧に供し候」とあ
り，小売サービスに力を入れていることが理解できる。また，「各種写真を撮
影仕候間御来写の程奉待上候」，「縦覧御随意なれば御散歩旁御来観を乞ふ」と，
新聞で広告することによって，ダイレクトに顧客に来店を働きかけている。新
規小売サービスをアピールすることによって，市場開拓し集客力を高めていっ
た。

新聞広告5−7　食堂・写真場・実物幻燈についての広告

（出所）『東京朝日新聞』明治40年4月5日付。

　休業日を広く周知することにも，新聞広告が活用されている（新聞広告 5 -
8，新聞広告 5 - 9）。新聞広告が告知の役割を果たしていて，これは，新規顧
客のみならず既存顧客にも伝達され，有効な情報であったと言えるだろう。

新聞広告 5 - 8　休業広告 1　　　　　　新聞広告 5 - 9　休業広告 2

（出所）『東京朝日新聞』　　　　　　　　（出所）『東京朝日新聞』
　　　大正 2 年 5 月16日付。　　　　　　　　　　大正 3 年 6 月30日付。

　新聞広告 5 -10では，三越呉服店の企業名と，デパートメントストアの元祖
である，ということが情報伝達されている。取扱商品や小売サービスのみなら
ず企業広告も行っていて，三越の企業としてのイメージを高め維持しようとし
ていることが確認できる。

　このように，三越では取扱商品が豊富なばかりでなく，イベントや小売サー
ビスにおいても付加価値がついていて，さまざまな楽しみ方ができることを新
聞広告を活用して広く周知していった。新聞広告によって，雑誌では到達でき
ない新規顧客に到達することができるとともに，百貨店のイノベーションの内
容を世間にアピールし，市場拡大を図っていったわけである。

　三越が呉服店から百貨店へと業態替えをさらに加速させた媒体の中に，『三
越呉服店御案内』による情報伝達がある（写真 5 - 2）。三越がイノベーション

新聞広告5-10　三越呉服店の企業広告

恭賀新正

三越呉服店

日本橋区駿河町

日本に於けるデパートメント ストーアの元祖

（出所）『東京朝日新聞』明治41年1月1日付。

の内容を顧客に理解してもらう過程においては，『三越呉服店御案内』という別のアプローチがあり，案内書が発行されていて，ここではその中でも，（1）取扱商品，（2）売場の説明，（3）エスカレーターとエレベーター，（4）萬御案内係の設置，（5）御注意承り係の設置を取り上げてみよう。

（1）取扱商品

「三越呉服店で二三時間をお費しになれば，頭の上の飾りから，足の爪先のお世話迄揃はないものはございません。左に商品の種類のほんの一斑をお話し申し上げませう。（略）」（『三越呉服店御案内』（三井文庫蔵　A091-19））。

（2）売場の説明

「売場は，第一階から第五階に渉つて居ります。店員は御客様の御満足遊ばすやう如何様も取計らひます。御気に召すまでは，何様な品でも取かへ引かへ御覧に入れます。御念入に御選択下さる事は，当店の切に御願ひ致す処でございます。尚二階には売場別室といふのがございまして，御婚礼其他御念入の御注文の際静かに御用命を願ふ事に致してございます。」（『三越呉服店御案内』（三井文庫蔵　A091-19））。

（3）エスカレーターとエレベーター

「而して二階へ御上りになる方は，中央ならびに左右の階段をおのぼりになるか，然らずばお心置なく自働階段若くは自働昇降機を御用ひを願ひます。自働

階段は中央階段の左り手にございます。大正博覧会で御馴染の通り，階段へ足
をお乗せになれば，自然に昇つてまゐります。自働昇降機は左右階段と並んで
二台づゝございます。ベルをお押しになれば戸が開きます。中へお入りになつ
て，御好みの階段を仰せ有れば運転手が御目的の階へお下し致します。但し北
側の二台は四階へまでしかまゐりませんから御注意を願ひます。」
（『三越呉服店御案内』（三井文庫蔵　A091-19））。

写真 5 － 2 　　『三越呉服店御案内』の表紙

〈史料提供〉公益財団法人三井文庫。

（4）萬御案内係の設置

「萬御案内係と申すのがございますから，之へ御申聞けを願ひます。そこには
『御案内係』といふ肩襷をかけた洋装の少年が大勢居りまして御好みの場所へ
御案内を申上げます。」（『三越呉服店御案内』（三井文庫蔵　A091-19））。

（5）御注意承り係の設置

「飽くまで丁寧親切を旨と致して居りましても万々一店員に不行届の事あらん

を虞れ，店内に御注意承り係といふを置いてございます。御客様方の御思召に適はない事がございましたら，何なりと右係まで御申聞を願ひます。係りの者は重役と相談の上，如何様とも御客様の御満足ある様解決致しまする。又前に申上ました萬御案内係は宿屋の御紹介，自働車，馬車，人力車の御世話，劇場其他の入場券の御取次，汽車，汽船発着時刻，著名な御方の御住所，店内商品の所在の御説明，あらゆる御便利を取計らう設備でございます。泰西には便利局とか相談局とか申して，地方からの方々の御便利を謀る設備もない事はございませぬが，日本に於て特に一呉服店が単に御客様方の御便利本位から，斯る手数を取まする事は，全く破天荒の事に属しまする。」（『三越呉服店御案内』（三井文庫蔵　A091-19））。

　すなわち，三越の店内についての詳細に情報提供された『三越呉服店御案内』が，大規模小売店舗の建築に伴う店舗の手引書であることが指摘できる。エレベーターやエスカレーターの利用方法も説明されていて，百貨店内における設備について利用を促している。このような活字による詳細な説明は，利用方法の理解につながり，顧客の来店を容易にした。

　また，表5-1では，三越でいつどのようなイベントが開催され何が販売されるのかについて，年中行事が予告されている。これによって，顧客に計画購買を促し，顧客は計画して商品の購入を行うことができた。したがって，顧客はついで買いではなく，イベント目的だけでも来店した。またイベントが示されていることから，得意客の再来店動機ももたらした。顧客と販売計画を共有したことは，在庫の削減にもつながっていった。

　この『三越呉服店御案内』は，新聞広告と雑誌の中間的な機能を果たしており，新規顧客と既存顧客の両方にアプローチするための手段として有効であったと言える。

表 5 － 1　三越呉服店の年中行事

児童博覧会	春季，1 カ月以上の開期
新柄陳列会	春季，秋季
懸賞裾模様図案陳列	新柄陳列会と同時期
寄切れ見切反物大売出し	春季，秋季
新柄帯側陳列会	2 月
現代名家新作画幅展覧会	春季，秋季
美術展覧会	秋季
洋画小品展覧会	春季，秋季
食器新製品陳列会	12 月
懸賞写真陳列	春季，秋季
雛人形陳列	2 月中旬から
五月人形陳列	4 月中旬から
中形浴衣地新柄陳列会	初夏
洋傘陳列会	5 月
中元暑中贈答品売出し	中元前
雑貨新製品陳列会	秋季
羽子板売出し	歳暮前
歳末年始贈答品売出し	歳末

（出所）『三越呉服店御案内』（三井文庫蔵　A091-19），pp.21-22より作成。

　以上のように，三越は，デパートメントストア宣言した後，積極的にマスメ
ディア戦略を打ち出していった。それは，これまでの日本には無かった戦略・
考え方であり，当時は未知の百貨店概念そのものを顧客に伝える必要があった
からである。三越がマスメディア戦略を展開したことは，百貨店が顧客に受け
入れられる一つの大きな要因になったと考えられる。その意味で，三越のマス
メディア戦略は，百貨店のイノベーション内容を知らしめる媒体として大きな
効果を発揮したと言える。

第6章　ゲートウェイとしての新聞広告

第1節　新聞広告から『時好』への誘導

　三越は，マスメディア戦略により新規顧客の取り込みを図っていったわけであるが，販売促進戦略はそれにとどまらなかった。本章では，第3章・第5章で考察したデパートメントストア宣言における，「地方販売係ハ当店発行の月刊雑誌『時好』を以て随時都下流行品の模様を示し御注文の選定及び其発送方にも一層の注意と工風を凝らし遠方より御買物遊ばされ候御方に対して充分御便利を謀る事」（『東京朝日新聞』明治38年1月3日付）に着目する。この文言で注目に値するのが，雑誌『時好』[1]に誘導している箇所である。これは，デパートメントストア宣言時の新聞広告のみならず，新聞広告6－1においてもみられた。

150

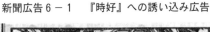

新聞広告6-1　　『時好』への誘い込み広告

（出所）『東京朝日新聞』明治40年9月26日付。

　新聞広告 6 － 1 では，顧客に直接来店を促していることと，新聞広告から『時好』に誘導していることが確認できる。デパートメントストア宣言を行う前後において，雑誌の『時好』が発行されており，そこへの誘いこみを強く意識していることがわかる。三越では，積極的に新聞広告から『時好』を始めとする雑誌への誘導を進めていた。

　『時好』をはじめとする雑誌につながると，（1）店内の説明，（2）輸入品取り扱いのアピール，（3）新商品・サービスの紹介といった内容が情報発信されることになる。これについて，みていこう。

(1)　店内の説明

　1908（明治41）年 4 月，本店仮営業所が新築された時に，史料 6 － 1 にみられるように，三越への入り方や店内のレイアウトがわからない顧客に『時好』を通して紹介されていた。

史料 6 － 1

入口

「正面入口は駿河町道り三井本館に相対し幅十三尺五寸高さ十二尺五寸，入口内玄関は間口三間半奥行二間の土間にして敷石は凡て福島産霞大理石及石盤石を用ゆ土間に接して左方を下足室とす。

玄関内各用材は槻材と栓材とを混用し凡て蠟引「ラック」仕上げとし彫刻頗る精巧を極む。

裏入口は西方西河岸橋通りの南端を占め入口巾九尺にして店員及事務用の出入口とす入口内は巾三間奥行十一間半の土間にして全部花崗石を敷詰め庶務係及び外売係に面す。」（『時好』第 6 巻第 4 号，三越呉服店，1908年）

各階の配置

「階下は表入口及下足室，陳列場，休憩室，庭園，男客及婦人便所，出納室，電話室，裏入口は，庶務係，外売係，計算係，店員応接所，店員食堂及厨房，物置，店員便所。

　但し外売係，計算係の両室は一時寄切室に充つ。

二階は陳列場，貴賓室，客便所，仕入係，商品仕入場，検査場，重役室，秘書室，意匠係室，演奏室，時好編纂室。

三階は陳列場，撮影場及附属各室，貴賓室，茶室，夜会服著用室，食堂及厨房，仕入係倉庫，各倉庫，地方係。」（『時好』第6巻第4号，三越呉服店，1908年）

休憩室

「貴賓室及休憩室は三階を通じて凡て本館の東北隅を占め一階休憩室は十五坪にして室内装飾は「ゴシック」式とし欧洲中世紀の様式なり用材は凡て鹽地蠟引「ラツク」仕上げとし壁は茶褐色の模様紙を以て張り室の一隅に茶汲室を設け来客接待に供す。

二階休憩室は十六坪半，様式は凡て仏国路易十五世式にして仏国に於ける最豪奢を極めたる様式なり貴賓の接待に供す。

三階休憩室は十八坪を占め様式は和洋折衷にして本店の計画に係る仏国巴里日本大使館「竹の間」の装飾と同一の手法を用ひたり即ち腰羽目は凡て煤竹を以て繞らし四壁は畫絹へ直立せる竹を畫き天井は空模様を書きたり暖炉前飾は和風四阿屋の形を応用し其他唐戸電燈等一切竹の模様を以て装飾せり。」（『時好』第6巻第4号，三越呉服店，1908年）

また『時好』では，「三越見物」よって，詳細に売場の情報が発信されている（史料6‐2）。史料6‐2から，実際の店内の買物行動に基づき紹介されており，売場を移動する中で，写真や食堂の様子が如実にわかる仕掛けとなってることが理解できる。買物場面を想定しながら，そこでは，より身近に店内の様子を知ることができる工夫がされていた。

史料6‐2

　其処から又舊の二階へ降りて，右へ曲りますと突当りが貴賓室で，各国の皇族方や政治家，実業家，軍人など，あらゆる世界の名士方の御休憩遊ばす

所があります，其処を更に左りに突当りまして，薄暗い階段を登つて参ると，其処が写真室で何時でも写せる様に成つて居ります，でお連れに勧められます儘に合板のを一枚撮影致して，恰度時刻もお昼に成りましたので，ピアノの横手の食堂へ参りました。食堂は至極瀟洒な構造で床には清らかな莚座を敷き詰め，テーブルには白い巾を被うて其上に直段書きが上せてあります，其れには日本食金五十銭，寿司十五銭，コーヒー紅茶五銭，西洋菓子十銭，日本菓子五銭，ラムネ，サイダー十銭と記してあります，其処で日本食を注文致しますと，直ぐに可愛い白い胸当をした給仕の少女が，膳部を提げて参りました，献立や調理具合が総て実用的で原料も至極新らしい様で，誰方のお口にも合ふ様に出来て居ます，食事を終つて紅茶と西洋菓子を頂いて，其処に『三越土産』と記してある，森永のキャンデーを一函求めまして食堂を立出で，一服致さうと階上の休憩室へ這入りました。

（『時好』第 6 巻第 2 号，三越呉服店，1908年）

（2）　輸入品取り扱いのアピール

次に，輸入品取り扱いのアピールを取り上げる。仕入れについては，新聞広告 5 − 4 に掲載されていたが，『時好』においても史料 6 − 3 にみられるように，詳細に活字により説明されている。買い付けの日程，買い付けルートや買い付けた商品も示されており，海外からの仕入れに努力が払われていることがわかる。また，フランスにおいては，品質の良い商品を三越のために保管されている状況が示されている。つまり，顧客が『時好』を読むと，誌面上で輸入品が紹介されていることから，三越に行けば海外の一流品が揃う，というイメージを植え付けることができた。このことは，呉服以外の各種商品においても，購買意欲をかき立てる効果が期待できた。さらに言えば，輸入品を取り扱っているということを，新聞広告から『時好』に誘導した顧客に対して，その記憶を強化していったと言えるだろう。

史料 6 - 3

欧州みやげ　　　　　　　　　　　　　　　　　　　　豊泉益三

　（中略）

　私が三越呉服店員として，欧州に於ける最新流行の雑貨仕入のため，敦賀の
港を船出いたしましたのは，濱昼顔のしほらしう咲いてゐる昨年の六月で，
立石埼や越前岬，さては常宮山などはテカテカと快濶な夏の光線を帯びてゐ
る，日本海の波は静かで，潮風も涼しく船窓に吹き込むで来る，やがて裏潮
に着いて其処からシベリヤ鉄道でモスコーに向ひましたが，車窓から見ます
と広々とした野原には桔梗や女郎花が今を盛りと咲いてゐる景色は実に美く
しいもので，大和島根もオロシヤの国も自然美に相違はムいません，只相違
してゐるのは気候の寒暖で，敦賀では夏草を見，此処では秋草が咲いてゐる
と云ふ有様，露西亜には別に用が無いものですから汽車で通り越し，伯林を
経て倫敦に赴き，この地に三週間ばかり滞在して帽子，洋傘，ステツキ，文
房具，洋服附属品等の最新流行品ばかりを買取り，更に転じて巴里に入り香
水其他の化粧品からネクタイ，小間物類さては置時計，銀細工物類を買集め，
二週間の後には独乙に移る此地ではニツケル製の小道具や玩具類を仕入れ維
也納へまゐりました，維也納では沢山買物をする筈でしたが，都合で革細工
類，カフス釦等に止め，再びシベリヤ鉄道に乗つて帰つてまゐつたのであり
ます（後略）（『時好』第 6 巻第 2 号，三越呉服店，1908年）

　これ以外にも，史料 6 - 4 にみられるように，洋服部裁方主任のアレクサン
ダーミッチェルが，シベリア鉄道経由でイギリスの最新流行について視察に行
くこと，豊泉益三が欧州から最新流行品を買い付けることも記載されており，
積極的に海外に出向いていることが，アピールされている。輸入品の品揃えの
拡大は，三越における買物が日本にいながら海外に行った気分が味わえるもの
となり，顧客に楽しみを提供するものになっていた。

史料 6 − 4

三店員の洋行

当店がいづれの方面にも絶えず独創的智識を出して，顧客の御便利を図りつゝ
ある事は，夙に天下の知らせ給ふところ，而して此智識を汲み出す為めには，
当店が如何ほど多大の労力も，また如何ほど多大の費用をも吝まざるは，是
亦た天下の夙に知らせ給ふ所なるべし。当店はまたこゝに，洋服の裁縫に関
する智識の源泉たる欧州に向つて，わが洋服部裁方主任アレキサンダー，ミ
ツチエルを派遣する事となり，同人は五月二十八日東京を出発し，西比利亜
鉄道に由つて，先づ英国倫敦に入り，折しも世界のあらゆる階級の人々を一
都に集むる英国皇帝陛下戴冠式の機会を利用し欧州交際社会の最近流行の全
部分を観察し，更に欧州の重なる都市を視察の上，秋風と共に帰店の筈なり。
諸君も知らるゝ如く，わがミツチエルは，もと世界紳士服の聖地たる倫敦の
中について，最上最新のスタイルを作成するウエスト，エンドの裁縫師とし
て，其地に定評ありし人，此人の目に映じたる欧洲最新式の流行服が，わが
邦に齎し帰らるゝ時，知らずわが邦の洋服界に如何なる革命の起るべきか。
面白きは秋季以後のわが洋服界なり。又店員豊泉益三は例年の如く，本月下
旬を以て，最新流行品を仕入の為め欧洲各都市を歴訪すべし。同人は欧米に
遊ぶ事こゝに数回西洋は尚ほその故郷の如く，奥の奥，裏の裏，其目に映ぜ
ざる無く，其流行は微細に及んで之を齎らし帰るべし。尚装飾係員岩崎鐘造
も亦英国に留学し，数年に渉つて，室内装飾その他を研究する事となり，豊
泉と同行本月下旬日本を出発すべし。

（『三越』第 1 巻第 4 号，三越呉服店，1911年）

　このように，『時好』をはじめとする雑誌は，従来の富裕層にアピールする
とともに，新聞広告から誘導した新規顧客にも購買を訴求するものとなり，顧
客層の拡大に寄与した。

（3）　新商品・サービスの紹介

　雑誌においては，三越の取り扱うさまざまな新商品・サービスの情報が提供されていた。史料 6 − 5 は，洋傘についてである。史料 6 − 5 から，洋傘について，今年の流行色は利休茶，焦茶，空色，浅黄であること，お質素向き，若い方向き，令嬢向き，実用向きといった対象に応じた提案がなされていることが確認できる。洋傘についても詳しく説明されていて，洋傘についての新製品の情報は，今年の流行情報を提供するとともに，新しい楽しみ方を提案した。これにより顧客は，三越に来店前に，洋傘に関する知識や流行について雑誌を通じて知ることができた。流行は毎年変わるため，雑誌での情報提供は，顧客の固定化にもつながった。

史料 6 − 5

如何なる色合が最も流行するか

御夫人向としては昨年より漸次流行に向ひつゝある『ネビーブリユー』色が本年は非常の勢力を占め先づ八分通りは之れに止めをさす様で御座います。次では利休茶，焦茶，空色，浅黄などが動かぬ処で御座いませう。尤もお質素向きには無地が宜しう御座いませうが，少しお若い方には縁に『スカラ』縫を施したるもの或はミシンを応用して，襞を取りたるもの，又は高尚なる好みの模様を縫ひ取りたるもの等が適当で御座いませう，値段は四円より十円位迄。令嬢向としては先づ花鳥模様の刺繍，或は『ドロンウオーク』を施したるものが盛んに流行致して居ります。色合は極高尚なる向きには白或は薄クリームを第一と致し，次で復覗，水浅黄，肉色といふ様な極淡泊としたのが持て囃されて居ります，直段は八円位より二十円位迄。又実用向きとしては縞タフタ，縞甲斐絹等で，此方の直段は四円より七八円位。別に本年初めて弊店で考案致ました草花模様の白地友染羽二重にて中央を小さく張り，舶来ゴーズにて一寸乃至一寸五分位『ヘリ』をとりました物が出来て居りますこれは十歳前後の御令嬢には極適当なもので御座います。直段は四円から五円内外（後略）（『時好』第 6 巻第 4 号，三越呉服店，1908年）

　帽子についても，新製品であったため，『時好』を通じて情報伝達している（史料 6 - 6 ）。史料 6 - 6 では，今年の帽子の流行はパナマ帽だとして，これについて詳しく説明されていて，今年の流行情報を提供している。また，散歩時の帽子のかぶり方といった新しい楽しみ方を提案している。このように『時好』では，新聞よりもさらに詳細な内容が記載されていて，暮らしをより上質にする提案がなされていたわけである。読者はこれを読むことによって，新聞では伝わらない帽子についての詳細な情報を入手することができ，顧客は，来店前に一定程度の商品についてのあらましを知ることができたのである。

史料 6 - 6

夏の帽子

東山西嶺の梢いと蔚みて，山時鳥の声も聞かれつ，世は方に夏帽子の時代となれり，されば今夏の流行界には果して如何なる帽子が歓迎さるべきかに就て紹介せんに，近年老若ともに愛用さるゝは『パナマ』帽にして，其勢力範囲は日を追ふて拡大せられつゝあり，敢て西洋の流行を論ずるまでもなく我が日本にありては其服装との調和上よりいふも，紳士用としては何処までも『パナマ』帽ならざるべからず，洋服の際は或は麦稈帽にても宜しからむも，一度黒絽の五ツ紋，襞目正しき袴をうがちたる時など，麦稈帽にては不調和にして貫目なく，風采の美を損する事甚し，外観も亦交際の一要件となれる今の世に紳士としての品位を堕さゞらんと思し玉へば，是非とも『パナマ』を召し玉へかし，就中ソフト形といへるは自由にクルクルと巻込む事を得る様に製せられ，或は中折れ，或は円形など好めるまゝに形を作ることを得つ，尚散歩の際に一寸無雑作に前の方を凹ませて冠ることも亦流行の一つとなれり，直段は十円以上三十円位迄いろいろあり，若し本場『パナマ』の餘りに贅沢に過ると思召さるゝ方は，琉球製『パナマ』を用ひらるゝが宜しからむ，値は七八円より十円位までなり（後略）

（『時好』第 6 巻第 5 号，三越呉服店，1908年）

　以上で考察したように，新聞広告がゲートウェイになっていて，『時好』を
はじめとする雑誌に誘導している。(1) 店内の説明，(2) 輸入品取り扱いのア
ピール，(3) 新商品・サービスの紹介については，百貨店と顧客の間で商品知
識や流行情報について情報格差が多大であった。『時好』をはじめとする雑誌
につなげることによって，顧客は百貨店のイノベーションの内容を詳細に知る
と共に理解することができた。とりわけ，新規顧客に百貨店とはどのようなも
のかについて，詳しく説明することができた。これにより，新規顧客に百貨店
に赴くよう働きかけていったわけである。順番としては，まず新聞広告でアピー
ルし，雑誌で訴求することによって，時間をかけて長期にわたり百貨店のイノ
ベーションの内容を説得したり，新しいトレンドを生み出していった。このこ
とは，新聞広告では来店に躊躇していた顧客の需要を喚起する効果があったと
言えよう。そればかりか，雑誌の定期的な購読は，リピーターに結びついてい
くことを意味していた。『時好』をはじめとする雑誌は，既存顧客へ情報伝達
して，より一層，固定客化を図るのみならず，新規顧客を開拓するとともに，
新聞広告から雑誌へ誘導することによって，新規顧客から固定客への道筋も準
備していたわけである。

第2節　　『時好』をはじめとする雑誌からチャネル・媒体への誘導

　三越のマスメディア戦略は，『時好』をはじめとする雑誌への誘導にとどま
らなかった。次のプロセスとして，チャネルやさらなる媒体に接続させるルー
トが存在していた。これについて，考察していくことにしよう。

(1)　雑誌から購買へ

　新聞広告から雑誌にたどりつくと，購入手続きに進み，そのまま買物へとつ
ながっていくルートがあった（史料 6 - 7）。史料 6 - 7 では，『三越タイムス』
には振替用紙が附録でついていて，これを使うと送金が無料手数料となること
が強調されている。

史料 6 - 7

振替貯金送金は手数料を要す

否々慥かに無手数料なり

振替貯金といふ便利なる送金法が開けてより我も我もと振替貯金を利用する
こととなりまして，我三越でも毎日二百通前後の振替貯金の送金を引き受け
て居ります。

振替貯金は御承知の通り，『三越タイムス』附録の送金票と現金とを以て郵
便局へ納めますれば直に送先に届きますのでありますから，其便利は一通り
ではありません。郵便為替でも貨幣封入でも，銀行の小切手又は送金為替で
も送金の目的を達しますけれども，何れも多少の手数料がありますのみなら
ず，送先に達する迄の間に危険があります。

普通為替の危険といふは，よしんば為替金封入の手紙を書留にした処で，送
達の途中又は到着してからでも，其途中の関係者中に悪意有ばいくらでも悪
事は出来る。つまり為替の紛失といふ様な事が出来ないとも限りません。

この憂ひを全く除き去ることの出来るのは振替貯金に限ります，即ち振替貯
金にては，郵便局で一切致して居りますから，必ず大丈夫に行はるゝといふ
ので，振替貯金を利用する方が大に増加し，殆んどすべての商取引はこの方
法による様になりました。

夫も其筈，振替貯金は無料であるといふので地方の方が盛に利用した，『無
料送金と無料通信』の出来る様に大分広告せられました，がこゝに一の蹉蛇
が出来ました。即ち振替貯金に手数料を徴収することとなつた事であります。
即ち振替貯金手数料を発表し，昨年十月より実施致されました。

こゝに於て吾々は

振替貯金は手数料を要す

といふ事になりました。然れども，この手数料を徴収することは甚以て一般
のお客様には面白くありません。出来ることなら，無手数料にしてもらひた
いので，これは一般の振替貯金加入者が当然抱いて居る考へでありました。

処が，送金者には無手数料となる方法があるそれは，

『三越タイムス』附録の振替用紙を用ゐるものは手数料を要せず

といふ事であります。御客様が地方の郵便局から振替用紙を受取つてこれを御用ゐになれば手数料を取られますけれども，三越行送金即ち本誌の附録になつて居る振替用紙を御用遊ばせば無手数料となる，もし振替で御送金の場合にはこの附録振替用紙を御用ゐ遊ばせ無手数料であります。重ねて申し上げます。全然無手数料であります。

（『みつこしタイムス』第9巻第3号，三越呉服店，1911年）

(2) 電話チャネルへの接続

　三越は，1911（明治44）年3月本店に電話販売係を設置し，1912（明治45）年5月大阪店にも設置し，本格的に電話チャネルの開拓に乗り出していった。ここで史料6-8から，新聞広告から雑誌と連動させ，そして次なるプロセスとして電話チャネルへの接続ルートが識別できる。電話販売係には，教育・訓練を積んだ従業員が配され，監督者のもとに行動がなされ，万全の体制でのぞんでいることが強調されている。また，販売や配達との連動も図られていて，購買後のプロセスにおいても，スムーズに作業が行われていることがアピールされている。このように，新聞広告→雑誌→電話と連動させて，チャネルの開拓を図っていったのである。

史料6-8

　（前略）而して三月二十五日を以て，ここに電話販売係の一課を設くる事に致しました。

　まづ取あへず，従前の電話以外更に十二箇を増設致しました。（此外に店用が九箇ございます）交換手を二十五名に殖しました。而して其交換手は既に技術熟練なものゝみを選み，更に之に対して当店に特別な商業上の智識の訓練を致しました。

　併しそれでも御客様方に対して行届かぬ事があつてはと，監督器といふものを据えつけまして係長がどの電話でも監督の出来る様に致し，電話販売係専

属の販売員，ならびに配達機関をとゝのへまして，御電話にて御注文次第，
立ろに御注文の御品を御邸まで御届け致すといふ設備を致しましてございま
す。

（中略）

電話販売係の当局者は，此計画を立てまして以来，日夜部下の訓練に鞅掌致
しまして，十分従来の不便を一掃致しまする積りでは居ります。

（中略）

電話番号と商品目録

当店の電話番号は新舊相合して左の通りでございます。

名義

本局	自四，〇〇〇		
	至四，〇一九	（二十線）	三越
同	四，一五六		同
同	四，一五七		同
同	二，六五二		同
同	一，四九六		同

二十四線一々御記憶と申すのでは恐縮でございますが，其中二十線は四千番
から四千十九番までゝございますから，御記憶も御楽と存じます。

（中略）

併し御注文の品は，成るべく即座に御返事の出来まする様電話販売係に於て
準備致して居りまするし，売場の方との交渉も従前よりは，敏活に出来る方
法に致してございまするから如何なる小さな品にても御遠慮なく御注文が願
はしう存じまする。御注文次第出来るだけ速かに御配達を怠りません様，自
転車隊，自働車隊が常に準備を致して御用命を待ち居りまする次第でござい
まする。

（『三越』第1巻第2号，三越呉服店，1911年）

また，商品を電話注文してからのプロセスも，史料6－9のように，見える

化していることが確認できる。顧客が注文してから届ける過程を，雑誌を通じて情報伝達し透明性を高めたことは，電話注文による顧客の不安を一定程度，解消することにつながった。

史料6－9

かゝる交換手が交換台に着ける時，（中略）御注文がかゝつたと致しまする，時は午後六時三十分，それを三十分以内に上納しろとの御注文，交換手は早速右の手を利用して受話票を認めまする。と，その後には女子監督が絶えず二人づゝ巡視して居りますから，早速その受話票を受取り，之を伝票方に渡しますると，伝票方はこゝでかねて蒐集してございまする参考書類によつて，どんな御方の御名前でも御番地でも精密に調べてしまひまして（報知新聞社といふ様な有名な所は別でございますが）（中略）伝票を作りまする。此の伝票は複写式で同時に三枚出来まする，その一枚の厚紙伝票を伝票方が手許にとゞめ，時間に限りある場合即ち安信所御注文の如き時には 直送 の印を一枚の薄紙伝票に捺して之を発送方に渡す。と，発送方は十分なる注意の下に品物を取揃へ之をメッセンジャア，ボーイに渡しまする。其時には御覧の如くもう一枚の薄紙伝票へ 手配済通知 の印を捺し，尚タイム，スタンプを捺しまして，其時間を表明致し，如何に確実にお客先へ御届致したかを証明致します。それからメッセンジャア，ボーイが御品物を御送り致すにつきましても（中略）書付をもたせまして発送，到着，帰店の時間を精密に記入致し，御客様に御迷惑のないことを保証致して置きまする。

（『三越』第1巻第3号，三越呉服店，1911年）

なお，新聞広告6－2から，新聞広告からダイレクトに電話チャネルへの接続ルートも識別できる。新聞広告6－2では，「御急ぎの御用は電話にて」と，電話注文を受けつけていることを情報伝達している。しかも，「モシモシ本局四千番三越」と，わかりやすい電話番号と語呂合わせという工夫もみられる。ここでは，新聞広告を電話というチャネルにつなげている点が注目に値する。

新聞広告から，電話へというチャネルへの連動が図られていたわけである。このように，雑誌から電話につなぐルートと，新聞広告で呼び込んで電話にリンクさせるルートが識別できる。電話を受けるということは，商品を注文するということにつながり，購買に直結していた。

新聞広告6−2　電話チャネルへの接続広告

（出所）『東京朝日新聞』大正元年12月15日付。

(3)　手紙への誘導

　新聞広告が，最初の入口になって雑誌に誘導した後に，手紙での購入につなげるルートも識別できる。史料6−10では，三越には満足のいく商品が多種多様に取り揃えられていることが強調され，手紙での注文がアピールされている。また，『みつこしタイムス』には，写真と定価表が掲載されているので，注文品については細かく指示して欲しいとあり，これにより，三越と顧客の間に生じる商品の齟齬を解消しようと工夫していることが理解できる。また，無料送金，無料振替貯金とあり，消費者コストが抑えられていることがアピールされ

ている。このように，手紙からの購入も無料で，かつ手続きも容易であることから，手紙による購入が促がされている。

史料 6 － 10

手紙一本にて御用品は御望次第

便利の上にも便利を図る三越の設備…

御入用品の御註文は手紙一本にて足る。

『当地には兎角気に入つた必要品がない』と喞たれて不便に不便を重ねらるゝ御方，『東京に註文するは面倒だから』と仰せられて，御註文を控へらるゝ御方に申上げます。御入用の品がございますなら，東京に御註文してくださいまし，東京は三越へ御註文して下さいまし，手紙一本を御認めになればそれで万事了せらるのでございます。何も東京に御註文遊ばすに手数のかゝる訳はございません，手紙なり葉書なり御用の品をお認め下されば，それで用事が足りるとなれば，何と御便利ではございませんか。

手紙一本の御註文！手紙で御註文遊ばして，充分に御満足の出来る様になりましたは，偏に文明の賜であります。御婚儀の装束一式，或は勅任官の大礼服の御註文も出来ますれば，御小供衆の玩具や鉛筆などの御註文も出来ます。三越呉服店で販売致して居りますものが多種多類でありますから御註文も亦千種萬別でございましても，悉く皆様の御満足を買つて居ります。一度御経験遊ばされし御方は，必ずやこの便利なる方法を御認め下さるのであります。

（中略）

△註文も無料送金も無料振替貯金の便法

地方からの御註文で，第一に面倒に御考へなさるゝは其註文書を御認め遊ばす事ですが，何も六ケ敷い事もないと存じます。本書の写真版と定価表とを参照せらるれば大概の御見当は付きませうから，御註文の節々を出来る丈け細しく御示しを願ひます。振替貯金を利用すれば払込票の裏面は，自由に文通を許されます。

又御送金に付ては，特に御面倒の様に思召さるゝ傾きあれども，振替貯金に

託せらるれば，無料にて当店に届きますが，多少普通の郵便より遅れて到着致します。銀行為替郵便為替などは郵便と同時に到着しますが，之には送金手数料を支払ねばならぬ不便があります。従つて御註文品の非常に急を要するものは，振替貯金にては御間に合はぬ場合なしとも限りませんから，予め御承知置き下さいまし。

（『みつこしタイムス』第 7 巻第 2 号，三越呉服店，1909年）

以上，電話や手紙は購買に直結するチャネルであり，購買に誘導しようとしていることがわかるだろう。このように，新規顧客を雑誌に誘導することによって囲い込んだり，これまでの既存顧客をロイヤルカスタマーすることによって，最終的には購買につなげる意図があったと言えよう。

(4)　『みつこし週報』への誘導

　新聞広告からは，雑誌『みつこしタイムス』，さらに『みつこし週報』に接続するルートが識別できる。史料 6 −11から，『みつこし週報』を『みつこしタイムス』の姉妹雑誌として位置づけ，週刊で発行することで発行頻度を高めていることがわかる。顧客が，両方の雑誌を講読することで宣伝効果を高め，新規顧客や既存顧客の維持を図ろうとしたわけである。

史料 6 −11

『みつこし週報』の発刊

大売出しの一箇月間の事業中，尚一つ御紹介致し置きたきは本誌の姉妹雑誌『みつこし週報』の発刊なり。『みつこし週報』は今春の大売出しと，児童博覧会の開催中にも毎日曜に発行せられ，当店の発展活動の有様を目に睹る如く描出し居りしのみならず，同時に流行の指針となり，美術の刺戟となり，また専門学者の名論卓説の紹介者となりたる事は，夙に本誌読者諸君の御熟知せらるゝ処なるべし。今回の大売出し期間に於ても勿論其必要を感じ，其記者をも増聘して十月二日の第一日曜を卜し其第一号を発刊し，去月中に第

五号まで発刊したり。其内容は東京在住の顧客諸君の遍ねく知らせ給ふ所なるべけれど，本誌は在地方顧客の為めに同誌に登載せられし名家の卓説及び緊要なる記事は，悉く之を本誌に集録して遺漏なきを期したれば，地方の読者諸君は本誌に於て『週報』をも併せ読むの便宜を有し給ふ事となれり。今左に当店日比専務取締役の発刊の辞を再録せん

発刊の辞

豊熟の秋！収穫の秋！

今茲に秋季大売出しと，美術工芸諸般の展覧会を開催するに方り，例によつて亦『みつこし週報』を発行し，以て当店が如何に江湖の貴女紳士に対し貢献せんと努力しつつあるか，江湖の貴女紳士が如何に当店に対し愛顧を垂れらるゝかを語らしめんとす。

自然の手は今や秋の錦を織るにいそがし，人間安んぞ錦上に花を添うるの巧みなからん。

美術の豊熟の秋！工芸の収穫の秋！

わが週報は日曜の朝毎に，箇中の消息を伝へて詳かならん。

明治四十三年十月二日

三越呉服店専務取締役

日比翁助

（『みつこしタイムス』第 8 巻第12号，三越呉服店，1910年）

(5) 『御注文の栞』へのリンク

　『時好』の後続雑誌である『三越タイムス』には，史料 6 −12にみられるように，『御註文の栞』にリンクする記載があり，雑誌が仲介役になり『御註文の栞』につなげ，購入に至るチャネルがあることがわかる。これについて，次に考察していくことにしよう。

史料 6 - 12

御注文の品については毎月当店より発行致しますする雑誌『三越』及び『三越
タイムス』さては四季折々に発行致しますする『御注文の栞』等の頁数，番号
などを併せて御申聞け下さいますれば，一層便利に存じまする。

（『三越』第 1 巻第 2 号，三越呉服店，1911年）

写真 6 - 1 は，『御註文之栞』の表紙であり，写真 6 - 2 から，購入品目と
価格が掲載されていることが確認できる。『御註文之栞』を一瞥すると，商品
リストが掲載されていて，商品が選択できるようになっている。

写真6－1　『御注文之栞』の表紙

（出所）『御註文之栞』三越呉服店。

写真6－2　『御注文之栞』の中身

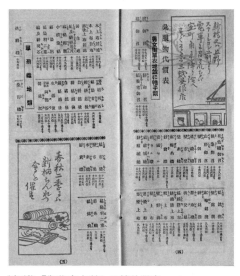

（出所）『御註文之栞』三越呉服店。

　そして，史料 6 －13では，無料で送金，無料で通信が謳われている。送金システムやサービスを整備したことは，消費者コストの削減につながっていった。

史料 6 －13

㊉弊店へ無料にて御送金の方法！

㊉弊店へ無料にて御通信の方法！

弊店へ御送金くださる際は，別紙振替貯金払込書の払込票と，払込通知票との※のある処へ，御自分の名前と金額と日付けとを，夫々御書き入れになつて，金子と共に最寄の郵便局へ御持参になりますれば，郵便為替料も書留料も入らず，すべて無料で当店へ届きます，尤も金子の受取は郵便局で直ちに御渡し申します。（台湾清韓等何れの処でも日本の郵便局にては取扱ます）

尚ほ又払込通知票の裏の欄内には，御註文の用向でも，御送金の説明でも，何事でも御随意に御書き入れ置き下されば，其儘当店へ届きます事故，早速御申付通りに取計ひます。（但し払込通知票の裏面に御用向を御書入の上，更に同じ事柄を別に手紙にて申越されまする御方もありますが，かくすると，御註文品を二重に御送り申上げる事が御座いますから御注意を願ひます此払込用紙は何処の郵便局にても御渡し申しますが，其節には必ず当店の口座番号（三〇〇番）と店名（東京日本橋区駿河町三越呉服店）等を御忘れなく御書き入れの程を願上げます。）

（『御註文之栞』三越呉服店）

　さらに，巻末には呉服注文書が添付されており，これを使うことによって，購入手続きがスムーズに行なえるようになっている（写真 6 － 3 ，写真 6 － 4 ）。その上，払込票まで添付されており，この払込票を活用することによって，決済までをも完了できる仕組みになっていた（写真 6 － 5 ，写真 6 － 6 ）。このことは，新たな通信販売の障壁を低くした。

写真6－3　呉服注文書　表面

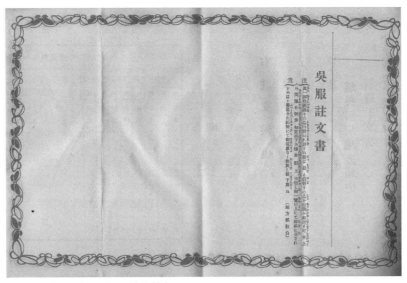

（出所）『御註文之栞』三越呉服店。

写真6－4　呉服注文書　裏面

（出所）『御註文之栞』三越呉服店。

写真6−5　払込票　表面

（出所）『御註文之栞』三越呉服店。

写真6−6　払込票　裏面

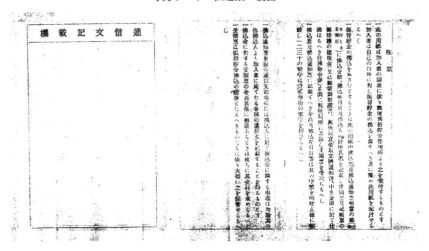

（出所）『御註文之栞』三越呉服店。

172

　また，『御註文の栞』（写真 6 － 7 ）においては，史料 6 －14にみられるよう
に，『みつこしタイムス』につなげる記述がある。つまり，これは『御註文の栞』
から雑誌につなげる逆のルートが存在していたということになる。このように，
『三越タイムス』と『御註文の栞』の間で交互作用がみられ，三越が発信する
情報を相補う効果が期待されていた。

史料 6 －14

　（前略）此頃では鄙も都も流行の移り変りが，だんだん劇しくなりました
に付て，夫れを各々様へお知らせ申上げます為に，月々『三越タイムス』と
申します雑誌を出まして，御便利を図る事に致して居ります，之れは亦大層
御客様の御意に協ひました様で，誠に仕合せの次第で御座います。

（『御註文の栞』三越呉服店）

写真 6 － 7 　『御註文の栞』の表紙

（出所）『御註文之栞』三越呉服店。

　以上で考察したように，新聞で新規顧客に周知して，次のプロセスとして
『時好』をはじめとする雑誌に誘導し，さらなるプロセスとして新規のチャネ
ルや媒体につなげていく多様なルートが識別できた。新聞広告が，雑誌やさら
なるチャネルへ接続するための最初のゲートウェイとなっていたわけである。
新聞広告が入口となり多様な媒体を準備することによって，購買意欲を喚起す
るとともに，多様なチャネルによる購買機会を設けることで，実際の購買につ
なげるルートを設定していたわけである。百貨店の店舗だけが，販売チャネル
ではなかったのである。こうした複数の媒体・多様なチャネルによるアピール・
説得は，相乗効果を発揮し，百貨店に慎重な姿勢を示す顧客に，来店や購買を
促す効果が期待できた。また，既存顧客にとっても，デパートメントストア，
百貨店は何かということを知ってもらうことになり，『時好』をはじめとする
雑誌は有効な媒体として，そこから複数のチャネルや媒体が準備されていたの
である。三越には，顧客資源，インフォメーションの蓄積があり，既存顧客に
アピールするために，雑誌は有効な手段であったと考えられる。

第 3 節　雑誌上での三越と顧客とのコミュニケーション

　『みつこしタイムス』では，「御客様と店員との問答」と題するページが記
載されている（史料 6 −15）。そこでは，顧客の質問に店員が回答するという形
式が採用されている。三越と顧客の間において，『みつこしタイムス』誌上を
通してコミュニケーションが存在していたわけである。しかも，コミュニケー
ションが双方向的になっていることから，通信販売におけるオーダーメイド注
文に伴うリスクを少しでも解消しようとしていることが理解される。双方向の
コミュニケーションを通じ，顧客の買物についての不安を少しでも解消し，直
接的な購買や三越に対する愛顧につなげていったと言える。また，商品によっ
ては，見本も準備されており，商品の標準化が図られており，商品の齟齬を解
消させようとしていることが指摘できるだろう。

史料 6 - 15

△何故見本を配布せざるか？

◎『今度冬用丸帯新調致し度候に付，大至急見本遣はし被下度候』といふ手紙を出した処丸帯の見本は用意なし，御覧に入れる事は出来ぬといふ事なり，それでは客が註文したくとも出来ざるにあらずや？

御返事。

見本を御覧に入れて其中より御撰擇を願ふことゝすれば，御客様に於て充分に御撰擇は出来ませうし，当店の便利も此上なく，如何にもして斯る便利なる設備をしたいと存じて居ります。然しながら，当店に於て取扱ふ呉服太物類は，御存じの如く種類頗ぶる多く，一より十まで総て其見本を取揃て御覧に入れる事は到底出来難き事で御座います。其為めに，**みつこしタイムス紙**上に最新流行にして，最も好評を博すべきものを紹介して，其一斑を御覧にお入れ申して居るのでございます。不充分の譏は免がれないので御座いますけれども，幾分か御買求ものゝ御参考にならうと存じます。

加ふるに丸帯なり，御召縮緬なり，春夏秋冬に由て其流行を異にし，老若により，意気向，又は地味向によつて其趣味を別にし，流行は流行を追ふといふ有様で御座いますから，其総ての柄合を集むる事は到底出来難い訳でありますゆゑ，この点は何分御寛容を御願ひ申す外御座いません。

尤も舶来織物，例へば，洋服，外套，コート地，及び御婦人袴用のカシミヤなどは，幾種なりとも見本を御覧に入れる事が出来ます。又小紋形の見本と，流行の色合見本とは特に御照会を蒙りました際御覧に入れる様致して御座います。

△紋付の註文に何を注意すべきか？

◎吾家紋は「五三の桐」なり。石持にて間に合ふか否や。特別染なれば，如何なる注意が必要なるか？

御返事。

石持は御存知の通り，丸形の御紋でなければ恰度よく書き入るゝことが出来ません。これに「五三の桐」や「武田菱」などの紋を書き入るとなれば極め

て見悪き跡が残りますが，尤も御紋の形によつては石持では御間に合はず特別に染めさする方が御便利で御座います。

特別染の御用命を仰せ付けられます際に，御示しを御願ひ申したいのは，

（一）紋の名称（御定紋を詳細に御知らせ被下たく出来得べくんば雛形を御添へ願はれますれば間違を防ぐを得べく，調法此上なし）

（二）紋の数（三ツ紋，五ツ紋とか。）

（三）紋の大さ（紋の大さは最も広き処を御測りくだされたし。）

（四）丸の有無（丸に三ツ柏と書かず，単に三ツ柏とあれば丸無し三ツ柏と承知します。）

（五）着物の種類（御羽織なるか，御着物なるか，着尺ならば八掛（引返し）付なりや，八掛無しなるや。）

（六）色合（流行色見本は御申越次第御覧に入れ申ます。）

（七）小紋ならば番号（小紋の見本は当係に備付けあれば，御申越次第御覧に入れ申ますから，その内の番号を御示しくだされたし。）

（『みつこしタイムス』第 7 巻第12号，三越呉服店，1909年）

第 4 節　お中元への接続ルート

　新聞広告からは，お中元・お歳暮に接続するルートも識別できる。新聞広告 6 − 3 によれば，「中元も愈近々と相成候得ば，御贈答品の御撰択に权や御思ひ煩はせられ候御事と奉存候。当店に於ては例年の通り最も適当なる品々を相撰び，只管御客様の御便直を図り度夫々準備能在候間，此際是非共当店より御買上の栄を賜り度奉願上候。敬具。三越呉服店　月　日　専務取締役　日比翁助」とあり，とりわけ特筆すべきは，日比翁助自筆のサインが記されていることであり，日比翁助自らがお中元に手腕を振るっていたことがわかる。また，「理想的中元の御進物は三越呉服店の商品切手なるべし。三越の商品切手は現金同様に流通するが故に，呉服太物を始め洋服，小間物，化粧品などの御支払は不及申，写真を御撮り遊ばす際又は帽子，洋傘，鞄，履物類を御求め遊

新聞広告 6 - 3　三越のお中元広告

御進物に適せる
三越発売の難貨の貨類

ハンカチーフ　（本絹一打一円以上、染布一打一円以上）
兵児帯　（絹二尺五寸、絽四二三圓円以上、綿六円以上より上）
夏向シャツ　（絹一円以上、綿五十銭以上）
タオル浴衣　（大人用三円二十銭以上四円以上、小児用一円五十銭以上）
撮影鏡　（一箱個人五十四円上）
麦稈帽　（絹、卸五円六十銭円以上十五銭）
化粧道具箱　（二円五十銭以上）
絵封筒ブック　（五円五十銭以上）
香水　（一瓶七十五銭以上）
石鹸　（一箱二十銭以上）
下駄　（五円以上）
靴　（子供一円五十銭円以上より）
打棉綿組　（一打二十五銭以上）

中元の御進物と●三越呉服店
東京日本橋駿河町
振替貯金口座三〇〇番

中元の御進物とて三越呉服店の商品切手

理想的中元の御進物は三越呉服店の商品切手なるべし。三越の
商品切手は現金同様に流通するが故に、呉服太物を始め洋服、
小間物、化粧品などの御支拂は不及申、宴料を参銀に遊ばす
際又は樋子、洋傘、靴、其他、贈物類を御求め遊ばさるゝ師、之を用
ゐ給はど大便利なるはいふまでもなし。誠に贈銀のよく便利に
して且つ経済向きなる贈答品なりといへで可なり。
遊ばさるゝ様御に願ひ上げ来る。
深山御注文

中元の御進物とて三越の商品切手
なるは勿論なり。
呉服太物鞄其他旅行用具

中元の御進物の通常なるは勿論のこと
白紙、中形浴衣地など其他撰み詰めて多か
るべし、特に時節柄必要なる
鞄其他旅行用具一切を御
求めに応じ陳列候間、御気向に任せ御来
店の上御撰み遊ばされたし。
深山御注文
遊ばさるゝ様願ひ上げ候。

夏衣裳を御調整遊ばさるゝ御方の御便
宜にもとて、最近の流行品を
詳細に図解せる美麗なる「夏衣裳の栞」を
行せり。御一覧火御進呈申上ぐべし。

中元も日近くと相成得れば、御贈答
品の御撰択に嘸々御思ひ煩ひ須せられ
候御客と奉存候。当店に於ては例年
の通り最も適当なる品々を相撰び、
只今御客様の御便宜を圖り度夫と奉
仕候処在候間、此際是非共当店より御
買上の栄を賜り度奉願上候。敬具。

三越呉服店
某日
東京御所

三越呉服店

（出所）『東京朝日新聞』明治40年 7 月 8 日付。

ばさるゝ節，之を用ゐ給はゞ其便利なるはいふまでもなし。誠に体裁のよく便利にして且つ経済向きなる贈答品なりといふて可なり。沢山御注文遊ばさるゝ様偏に願ひ上げ奉る。」と，商品切手がお中元の代表格であることも理解できる[2]。お中元に商品切手を贈るという文化は，この頃すでに形成されていたことが指摘できる。

　また，商品切手以外に，石鹸，ハンカチをはじめとして日用品もみられる。このように，この頃からすでに，商品切手，石鹸をはじめとする日用品をお中元に贈る文化が，すでに形成されていることがわかる。

　さらに，新聞広告 6 - 3 で注目すべきは，「夏衣裳を御調製遊ばさる御方の御便宜にもとて，最近の流行品を詳細に図解せる美麗なる『夏衣裳の巻』を発行せり。御一報次第御進呈申上ぐべし。」という箇所である。ここでは，新聞広告から『夏衣裳の巻』に接続するルートが識別できる。新聞広告で新規顧客に周知して，『夏衣裳の巻』に誘導していったわけである。『歳末年始御贈答品御案内』という史料が残されており，次に，それについてみていくことにしよう（写真 6 - 8 ）。

　この『歳末年始御贈答品御案内』には，贈答品の商品リスト，価格，若干の説明内容が記載されている（写真 6 - 9 ）。また，「此小冊子の如きも，中元及び歳末の二季に，御贈答品の御買物の栞と致しまして，御客様方の御一覧を願ふために発行致し居りますものでございますが」（『歳末年始御贈答品御案内』三越呉服店）とあり，このような栞が中元と歳末に発行されており，新たな改善がなされている。そして，「「三越のマークのついた商品でなければ，他へ贈つても幅が利かぬ」といふのは，御定説の様に伺つて居ります。」（『歳末年始御贈答品御案内』三越呉服店）とあり，「御中元は三越から」の名文句の原型を，すでにこの時期に伺うことができる。また，このことは，プレゼントは包装紙にこだわる，という包装紙の文化についても，三越が作り出していることを意味していた。

178

写真 6 - 8 『歳末年始御贈答品御案内』の表紙

（出所）『歳末年始御贈答品御案内』三越呉服店。

　そして，「どうぞ御早々と御来臨，例年に増して御愛顧を願い上げます。但し御都の合で御来店出来になられぬ方々は，左表を御一覧の上電話にて御注文を願います，電話御利用の方法と致しましては店内に電話販売係と申す一課がございまして，精々御便利を取り計ひます。」（『歳末年始御贈答品御案内』三越呉服店）とあり，新聞広告がゲートウェイになっていて，『歳末年始御贈答品御案内』に誘導することによって，直接顧客に来店を促したり，電話のチャネルにつなげていったわけである。すなわち，新聞広告で新規顧客に周知して，次の

プロセスとして『歳末年始御贈答品御案内』に誘導して，より細かな情報を提供して購買につなげていくルートと，電話の販売にもつなげていくルートが認識できる。

写真6－9　『歳末年始御贈答品御案内』の中身

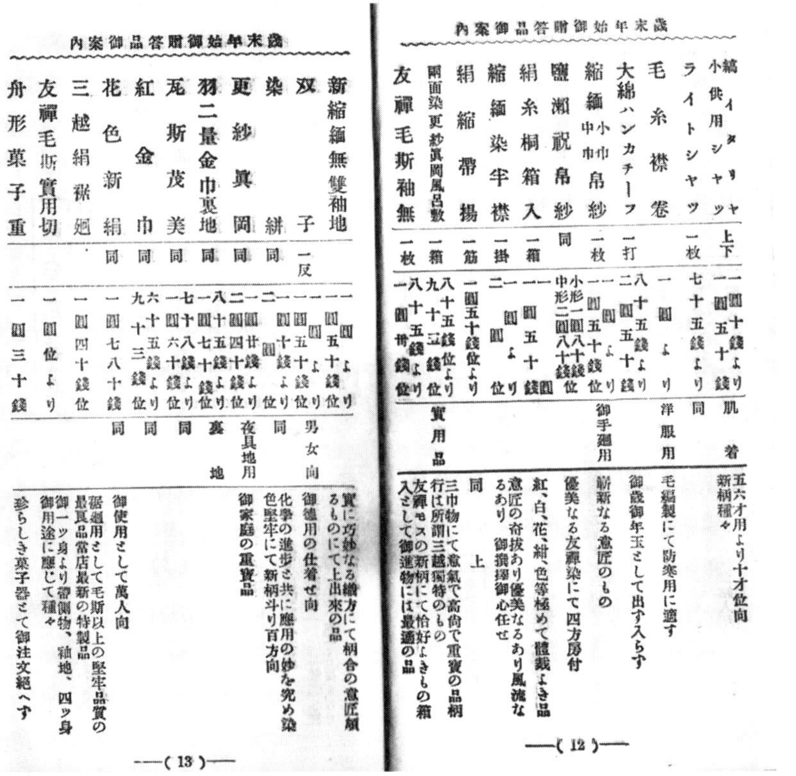

（出所）『歳末年始御贈答品御案内』三越呉服店。

　この『歳末年始御贈答品御案内』の裏面は，写真6－10の通りであり，とりわけ電話へのチャネルに誘導していることから，お中元・お歳暮においても電話のチャネルに力を入れていることが認識できる。新聞広告から栞を通して電話に誘導することで，購買につなげていったわけである。このように新聞広告，

写真6−10　『歳末年始御贈答品御案内』の裏面

（出所）『歳末年始御贈答品御案内』三越呉服店。

栞，電話は，相互のチャネルへの連携が図られている。

　なお，史料6−16にみられるように，新聞広告のみならず，雑誌においても商品切手の購買が促がされている。史料6−16を詳しくみてみると，商品切手は，贈り主にとって体裁が良く持ち運びしやすいこと，届けるまでの破損や腐敗のリスクがないとしていて，贈答用に商品切手を送ることが推奨されている。また，贈られた側においても，呉服，唐物，小間物，貴金属，文房具，美術品，玩具といった各種商品に適用できることから，関心や用途に応じて一番欲しいものを購入することができるとしている。このように，お中元という贈物が，送り先のことをおもんばかる社会的関係に根ざした贈答品になっていることが理解できる。また，三越にとっても，将来の需要を手中に収めるメリットがあっ

た。

史料6－16

御重寶なる三越商品切手の特色

そこでくだくだしく理屈を述べて居りますよりも，手取早く中元の御贈答品に就いて，少々ばかり記者の意見を申しますれば，如上通り一遍の贈答品を避けて，先づ第一に御便利御重寶なのは商品切手でございます。これは商品切手を扱つて居る商店ならば，此切手引替に品物をお渡しすると申すわけで，通貨と同じ効力をもつた，極めて便利重寶なるものである事は，こゝに申すまでもございませんが，商店と申せば多くは専門の商店で，唐物屋なら唐物，呉服屋なら呉服，鰹節屋なら鰹節と申すやうに，融通と云ふものが利きません。妻君のないお家へ小間物屋の切手が来て見たり，先きが酒屋とも心つかずに麦酒の切手を贈つたなどなど云ふ奇談も尠くはございません。そこへまゐりますと，我三越商店の商品切手はいかなる家庭，いかなるお方にも向不向がございません。三越の商品切手は当歳の嬰児から殿方御婦人は申すに及ばず，いかなる職業，いかなる階級のお方にも屹度喜ばれるに相違ございません。それと申すは呉服，唐物，小間物，貴金属，文房具，美術品，玩具に至るまで，あらゆるものに利用され，而も幾度にも割つてお用ゐになる事が出来るからです。

　それからもう一つ御便利な事は御贈答の場合使ひ煩はさなければ持つて行けないなどなど云ふやうな面倒がなく，体裁のよい，そして持運びの御便利な事に於きましても，大ト一品でございませう。殊に遠方においでになるお方への御進物には，第一安全で，そしてまた至極重寶なものでございます。仮令ば品物をお贈りになるとしますれば，途中破損の慮もあり，物によりましては腐敗などの心配も伴ひますが，三越商品切手に限りましては，先きの好みの品を幾品でも送つたと同じ効力が生じますので，其流通区域に至つても頗る広く，いかなる山間僻地に在つても，この切手一枚を当店へお送りになりますれば，直ぐにお好みの流行品がお手元へ届くと申すわけですから，

182

是非これはお薦め申したいと存じます。

（『みつこしタイムス』第7巻第7号，三越呉服店，1909年）

　また，史料6－17からは，雑誌『三越』から電話のチャネルや，手紙にリンクさせて中元の購買につなげようとしていることと，電話販売係の中に御贈答品御相談係が新設されており，お中元において電話によるチャネルを強化していることが理解できる。

史料6－17

　（前略）斯る品は直接御覧になりまして御買上げなさいますれば，最も御意に召した品の御選擇が出来て，御安心此上もない次第では御座いますが，何分御多忙なる場合御自身御来店の御光来にならぬお方は御電話なり御手紙なりで御注文を願上げます。当店では例年の通り出来るだけ品物を吟味致しまして色々と取揃へて御座いますから，御客様に随分御満足をお与へ申す事が出来ませうと信じて居ります。殊に本年は電話販売係の中に御贈答品御相談係も新に設けて御座います事ですから，之を充分に御利用遊ばされますれば大層御便利の事と存じます。

（『三越』第1巻第11号，三越呉服店，1911年）

　史料6－18によると，1917（大正6）年には，お中元に砂糖が推奨されている。お中元に砂糖を送る，という文化がすでに形成されていることがわかる。

史料6－18

極めて体裁よき

中元の御贈答品

＝砂糖＝

一号　三斤入　八十三銭より　　　一号品は三盆白，ボール箱入にして体裁優美
　　　五斤入　一円三十五銭位

三号　三斤入　七十一銭より
　　　五斤入　一円十五銭位　　　三号品はザラメ，家庭煮物用として歓ばる

夏の御家庭には殊さら御需用の多い砂糖も，これまでの袋入では甚だ御体裁の悪かつたものが，御覧の通りのボール箱入になつて，どんな御家庭へ御持ちになつても，立派なものと相成りました。角砂糖と共に御用命を願ひ上げます。

角砂糖　大　一円七十八銭

　　　　小　九十四銭

（『三越』第7巻第7号，三越呉服店，1917年）

1918（大正7）年には，『三越』誌上で，「中元御贈答品にふさわしき食料品」として，食料品が強く訴求されている。ここでも，お中元の対象となる商品が，食料品にシフトしている傾向を指摘することができよう（史料6-19）。

史料6-19

中元御贈答にふさわしき食料品

御中元の御つかひものには，実用的なものを贈りたいといふ御考への方も近来大分殖えてまゐりました。が，何と申しても喰べ物は古来の習慣で，矢張一番多く御贈答の用ひらるる様でございます。ところが近来に至り，方方の御家庭へ当店から御納め申して居る品々が多いので，当店の商標のついて居ります食料品は御貰ひ遊ばしたお宅でもきつと御重寶遊ばす事と存じます。今こゝに其の中元御贈答にふさわしい品々の一班を摘記致ますと和洋ビスケット，ドロツプス，タツフイー，ヌガー，和洋チョコレート，甘納豆，梅ほし（飴），京都風流珍菓，海老あられ，江戸みやげ，嵯峨あられ，吹よせ（干菓子），懐中しるこ，煎そら豆味附，落花生鹽味附，のしいか，雲丹焼鯛海老，舶来和製果実缶詰，乾海苔，焼海苔，味附海苔，味の素，板湯葉，刻み湯葉，板麩，白豌豆，文旦漬などと，数限りなく品を揃へてございまする。御盆前には，是非足しげく御運び下さいまして，親しく御一覧を願ひ上

げまする。尚左の砂糖と酒とは殊に御贈答として好評でございます。

角砂糖

　　一斤ボール箱入　　　二十七銭

　　三斤同　　　　　　　九十銭

　　六斤同　　　　　　　一円八十銭

粉砂糖

　　白三斤（和斤）ボール箱入　　一円十銭位

　　　五斤　　　　　　　　　　　一円八十銭

　　ザラメ三斤同　　　　　　　　九十銭

　　　　　五斤同　　　　　　　　一円五十銭

櫻正宗（灘元詰）

　　四合入　　　五十五銭

　　一升入　　　一円三十五銭

洋酒類箱又は籠詰

　　二本　　　三円以上

　　三本　　　五円

　　六本　　　一円

　　一打　　　二十二円

和洋缶詰各種取り交ぜ籠詰　　五円以上

和洋食料品取り交ぜ籠詰　　五円以上

（『三越』第8巻第7号，三越呉服店，1918年）

　史料6－20から，食料品のセット販売が行われていることが確認できる。食料品を中心として，お中元における単品での販売ばかりでなく，セット販売も開始されるようになっていることが理解できる。

史料 6 −20

御進物用籠詰洋酒

① 洋酒籠詰

　　二本　三円以上

　　三本　五円以上

　　六本　十円以上

② 食料品取交籠詰

　　三円五十銭以上

　　（肉，野菜，果実，菓子，コヽア，コーヒー等）

③ リキュール籠詰

　　二本　四円以上

　　三本　六円以上

　　六本　十五円以上

④ 苺レモン糖蜜

　　籠詰二瓶（大）　　二円五銭以上

⑤ 同

　　三瓶（小）　　　　一円八十銭以上

（『三越』第 7 巻第 7 号，三越呉服店，1917年）

　なお，1929（昭和 4 ）年 7 月には，中元御贈答用品御相談所を開設するに至り，売上トップは食品が占め，お中元に食料品を送るという文化が，この頃すでに定着していることが確認できる（三越本社編（2005），p.122）。

　さらに，史料 6 −21によれば，クリスマスプレゼントについても提案している。三越は，お中元・お歳暮のみならず，クリスマスという社会的な儀礼の機会をうまく作り出していたと言える。

史料 6 –21

三越特選

内外の新しい玩具

クリスマスプレゼント

冬の室内遊戯具

二階東館

○蘇鉄の花輪

    大　十七銭

    中　十五銭

    小　十二銭

○独逸製のゼンマイ汽車

    沢山なレールや停車場，シグナル，踏切などを持つた精巧な独逸のゼン

    マイ汽車で，少しのあぶなげなく楽しめる冬の室内玩具。（七円二十銭よ

    り三十一円まで）

○クリスマスデコレーションクラツカー（一函三円五十銭より十一円五十銭まで）

○冬の室内遊戯

    カロム（六円二十銭）ポーカーチツプ（三円五十銭）トランプ（一円より

    五六円まで）麻雀（十二円より六十円まで）ドミノ（四円三十銭より五円三十

    銭）フライング・トツプ（五十五銭）チエス（二円五十銭より十円）源平

    碁（三十九銭より一円十銭）パズル（八十五銭）いろはかるた（二十二銭よ

    り）明治かるた（一円）等々あらゆる室内遊戯用のおもちやを揃へ更に，

    それらの遊び方の本も揃へてございます。

（『三越』第17巻第13号，三越呉服店，1927年より抜粋。）

  すなわち三越では，「お中元・お歳暮，クリスマスのプレゼントは三越から」，というギフトの文化を作り上げていった。このことは，新規顧客が，お中元・お歳暮やクリスマスプレゼントを三越で行うことをきっかけにして，百貨店の店舗利用が選択肢の一つになるのみならず，固定客の確保にもつながったので

ある。こうしたことによっても，三越は市場拡大を図っていった。このように，三越においては，新聞広告から『歳末年始御贈答品御案内』といった栞に誘導し電話のチャネルにつなげるルートと，新聞・雑誌から電話・手紙のチャネルにつなげるルートが識別でき，このような販売促進活動を通じてお中元・お歳暮，クリスマスプレゼントといった社会的儀礼的機会をも作り出していった。

　以上で考察したように，新聞広告はダイレクトに顧客に働きかけ，広く情報伝達する役割を果たすと共に，三越の宣伝のフロントにあり，他の媒体やチャネルにつなげる役割を果たしていた。すなわち，新聞広告にはゲートウェイとしての価値があって，『時好』をはじめとする雑誌や，『御註文の栞』，『歳末年始御贈答品御案内』へとリンクしていた。多様な媒体を駆使して販売促進することで購買につなげていく手法が採られていたわけである。また，電話・手紙といったチャネルを開拓しそこともリンクさせたことは，購買に直結するものとなった。なお，雑誌上においては，コミュニケーションが双方向になる工夫も凝らされていて，雑誌を通して，三越と顧客の間でコミュニケーションが，存在していた。このように三越では，多様な媒体と多様なチャネルを組み合わせながら，それらを複雑に絡み合わせ，シナジー効果を発生させていった。三越のマスメディア戦略や販売促進戦略により，新規顧客の開拓と既存顧客の維持を図っていったことは，大規模小売業者としての地位を確立し，小売業の近代化に多大な貢献を果たした。

第 5 節　三井財閥のプロパガンダとしての三越

　三井財閥から切り離された1904（明治37）年12月，三越は，デパートメントストア宣言を行いイノベーションを起こした。三越では，多様な媒体を駆使してイノベーションの内容を理解してもらうために，百貨店の内容を顧客に情報伝達していった。多様なチャネルによる複数媒体の活用は，従来の富裕層にアピールするとともに，新聞広告から誘導した新規顧客にも購買機会を提供するものとなり，顧客層を拡大していった。

　ところが，三越は三井財閥から完全に切り離されたわけではなく，三井財閥とのつながりは続いていた。三井財閥の中における三越の存在意義としては，三越は消費者との接点があったため，三井財閥のイメージを消費者に伝えるための先端的役割にあった。そのため，三越における好意的なイメージの形成は，三井財閥においても日本全国津々浦々に渡る好意的なイメージの形成に結びついていた。そのことは，三井財閥を構成するすべての企業の評価を高めることに寄与し，三井財閥の威光を直接消費者にアピールする格好の場ともなっていた。三越が，多様な媒体と多様なチャネルを駆使してそれらを複雑に絡み合わせながら宣伝を行なったことは，三井財閥の宣伝にもつながり，三井財閥の広告をする機能を果たしていたと言えよう。三越をてこにして，三井財閥の威信を発信し続けていたのである。このように三越は，三井財閥のプロパガンダとして象徴的なミッションを遂行していた。したがって，三越を活用することによって，三井財閥は，一般社会との望ましい関係を，保持していたと言える。

　そして，三井財閥の存在は，三越にとっても大きな意義があった。三越にとってもマネジメントを行っていく上で，三井財閥との関連性は，巨大な信用の確保につながっていた。三井財閥のバックボーンがあった中でのビジネスの展開は，イノベーションに伴うさまざまなリスクを軽減させた。また，競合呉服店と連携を図りながら，日本において百貨店を定着させていったわけだが，競合呉服商も，安心して百貨店に業態転換するという追随行動が採られることになった。ここにも，三井財閥の威光が働いていたと言える。その結果，三越は日本の小売業の近代化の立役者になり得たわけであり，三井財閥の存在感は三越にとって絶大であった。

　さらに，三越と三井財閥は，直接的な接点もあった。それが，プライベート・ブランド商品の開発・販売や取引契約書の締結である。まず，プライベート・ブランド商品については，1930（昭和5）年10月に三井合名会社が製造した純国産の三井紅茶を，三越が1ポンド缶1円80銭，半ポンド缶95銭，8分の1ポンド缶25銭で発売している（三越本社編（2005），pp.124-125；（写真6−11））。

写真 6 - 11　純国産の三井紅茶

＜史料提供＞株式会社三越伊勢丹。

　史料 6 - 22は，三井紅茶についての宣伝であり，そこでは，国産紅茶という
所に特色をもたせていることが指摘できよう。

史料 6 - 22

三井紅茶（三越特選）

ダージリンの精とアツサムの枠を兼備し風味と芳香は共に世界に誇るべき純
国産

　紅茶は印度のダージリン産が世界第一の高級品とされてゐます。三井では
此のダージリンと気候風土のよく似たる台湾北部に，広大な自営茶園を拓き
最新の機械設備を有する大工場を設けて，紅茶の大量生産を始めました。そ
の製品は，既に紅茶の都倫敦でダージリン紅茶と全然同一だといふ評判をと
り，直に紐育市場にも入り，世界中の紅茶の王座に上ることとなりました。

これに加へて，三千年来紅茶の清香神韻を誇持してゐるアツサム種を移植することに成功しましたので，今回皆様に真に安心して薦められることを衷心より喜んでをります。この三井紅茶出現と共に，無批判に舶来品を愛好する時代は疾うに過ぎ去りました。どうか皆様の御家庭に於かれましても，朝夕の御茶用は固より，御接客用にも，国産紅茶であり，紅茶中の王である三井紅茶の風味と芳香とを御愛掬下さいませ。

◇一封度鑵（一円八十銭）　◇半封鑵（九十五銭）

◇1/8封度包（二十五銭）

―（御用は一階西館御茶売場へ）―

（『三越』第20巻第10号，三越呉服店，1930年）

すなわち，プライベート・ブランド商品の開発・販売についても，国際的商取引を既に行っていた三井財閥との結びつきから実現したのである。三井財閥と三越は，結託して生産・販売を手掛けていたのである。三越は，小売企業であり消費者が日常的に接する場を持っていたため，三井財閥としては，その販売機関を確保したことになった。それにより，三井財閥による消費拡大効果も見込めたわけである。このように三越は，三井財閥の販売部門としての機能を果たしていたのである。

次に，1920（大正9）年，三井物産と三越呉服店の間に交わされた粉末紅参に関する取引契約書をみてみよう（史料6-23）。史料6-23で注目されるのは，三井財閥の主要な構成員である三井物産と三越が，取引契約を交わしていたことである。この契約書をみると，第5條から価格の決定は三井物産側にあることと，第8條からテリトリー制度が敷かれて，三越の販売活動が制限された中での取引契約であることが確認できる。三井物産が，主導権を握る契約となっているが，三井物産と三越は，取引関係においては継続していることが理解しうる。両社の関係は，必ずしも全面的には表に出てこなかったが，両社間の取引関係は，背後で構築されていたのである。

史料 6 −23

契約書

三井物産株式会社「以下甲ト略称ス」ト株式会社三越呉服店「以下乙ト略称
ス」トノ間ニ甲ガ朝鮮総督府ヨリ払下ヲ受クベキ粉末紅参ノ販売ニ付左ノ契
約ヲ締結ス

第一條　甲ハ朝鮮総督府ヨリ払下ヲ受クベキ粉末紅参ノ内地并ニ朝鮮ニ於ケ
　　　　ル一手販売ヲ乙ニ委託ス

第二條　本契約期間中乙ガ甲ヨリ引受クベキ責任数量ハ三百貫目トス

第三條　毎月引取数量並ニ種類ハ毎月中旬迄ニ乙ノ請求ニヨリ之ヲ定ムルモ
　　　　ノトス但シ朝鮮総督府ノ都合ニヨリ変更ヲ生ズルコトアルベシ

第四條　包装ハ朝鮮総督府ヨリ払下ヲ受ケタル儘ニテ乙ニ引渡スモノトス

第五條　販売価格ハ予メ甲ヨリ乙ノニ通告シ乙ハ其指定サレタル価格ヲ以テ
　　　　自己ノ本支店所在地ニ於テ販売スルモノトス

第六條　乙ノ取扱口銭ハ甲乙協定スル所ニ拠ルモノトス

第七條　代金ハ現品引渡ノ月末払トス但シ乙ノ支店へ直送シタル分ニ対シテ
　　　　ハ現品京城発送後一月目払トシ乙ハ其立替タル移入税及口銭ヲ差引
　　　　キ甲へ送金スルモノトス

第八條　乙ハ第一條所定区域以外ノ地ニ於ケル販売ヲ目的トスル第三者ニ卸
　　　　売又ハ委託販売ヲ為スコトヲ得ズ
　　　　乙ガ販売店ノ設置ヲ必要トスルトキハ其場所並ニ販売者ノ氏名ヲ甲
　　　　ニ通知シ甲ノ承認ヲ受クルモノトス

第九條　乙ガ本契約ニ違背シタルトキハ甲ハ何等ノ責任ヲ負フコトナク本契
　　　　約ノ解除ヲ為スコトヲ得ルモノトス

第十條　甲ノ朝鮮総督府ニ対スル払下契約ガ解除サレタル場合ニハ本契約ハ
　　　　之ニ伴ヒテ解除セラルヽモノトス

第十一條　本契約ハ大正九年六月一日ヨリ大正十年四月三十日迄有効トス
　　　　　右契約ノ証トシテ本証二通ヲ作成シ各自記名調印ノ上各其一通ヲ保
　　　　　有スルモノ也

大正九年六月二十九日

東京市日本橋区駿河町一番地

三井物産株式会社

代表取締役社長　三井養之助　印

東京市日本橋区駿河町七番地

株式会社三越呉服店

常務取締役　倉知誠夫　　印

（「三井物産株式会社文書課保管書類」（三井文庫蔵　2354-173））

　以上で考察したように，1904（明治37）年12月に三越がデパートメントスト
ア宣言をして三井財閥から独立した後も，両者の間では，つかず離れずの直接
的・間接的なリレーションシップが継続されていた。三井財閥は産業財を，三
越は消費財を取り扱うという役割分担の中で，相互にシナジー効果を生み出し
ていた。別々の道を歩み出したようにみえたが，直接的・間接的なやりとりや
コミュニケーションの中に阿吽の呼吸が存在し，それが三井財閥と三越のベス
ト・シナジーとして均衡が保持されていたのである。このように三井財閥と三
越は，阿吽の呼吸に基づくイメージやコミュニケーションの交互作用を繰り返
しながら市場で共存し，唯一無二にブランドを形成し，圧倒的な存在感を発揮
していったことは注目に値する。そして，日本において数多くの諸産業の産業
化のみならず，小売業の近代化の両方をも実現させ，現在に至るまで，日本経
済を牽引し続けている。

〈注〉

(1)　『時好』は，その後，『みつこしタイムス』，『三越』と名称変更されながら定期刊
　　行物として継承されている。本書では，これら三越定期刊行物等を総称して単に雑誌
　　と呼ぶ場合がある。

(2)　1887（明治20）年頃に発行された呉服切手が，各種商品に適用され商品切手とな
　　り，その後，商品券という名称になった。1922（大正11）年には，三越に商品券売場
　　が設置された。

第7章　新たなガバナンスの構造
─三井グループの中の三越

はじめに

　株式会社三越（Mitsukoshi, Limited）は，「三井越後屋」という呉服店を起源とする百貨店である。江戸中期から2011年3月31日までの約330年間単独で経営されてきたが，これ以降は株式会社三越伊勢丹ホールディングスの傘下企業となっている。

　商号の「三越」は，三井家の「三井」と創業時の「三井越後屋」からとられた「三越家」による。明治初期の1872年3月に，三井越後屋は三井大元方から分離し，三越家名義で経営されることになる。1893年9月に，三井越後屋は「合名会社三井呉服店」に改組され，1904年12月に「株式会社三越呉服店」として設立される。三越呉服店は，初代専務に日比翁助が就任し，「デパートメントストア宣言」が発せられた。これが日本初の百貨店となる。

　1928年6月に「株式会社三越呉服店」の商号を「株式会社三越」と改められる。その後，三越は日本の百貨店業界におけるビジネスモデルを一手に担い（吉村（2016），p.59），それ自体の名称・存在が「ブランド」を体現してきた（大塚（2007））。現在，同社は伊勢丹百貨店と合併し，一つのホールディングとなっている。しかし，三井越後屋創業から2021年現在，340年が経過し，現在も単体の百貨店との認識がもたれ，そのブランドの力には揺るぎがない。しかし，同社は1980年代半ばに大きな危機を迎えた。それは，売上高・利益・株価といった「経済的要因」にも端的に示されたが，ワンマン経営者による規律不在の「ガバナンス的要因」から引き起こされたものである（井形（2011））。

　日本の百貨店は，2021年9月現在，新型コロナウイルスによって直撃されて

いる。地方・郊外を中心とした中間層の消費意欲の減退も響き，その市場は右肩下がりとなっている。

　国内百貨店の2019年売上高は，6年連続で前年割れの状況であり，EC（ネット通販）の台頭で消費者の購買行動の変化も加わり，2021年現在の市場規模は90年代のピークの約6割の水準ともいわれている。2010年代以降は，富裕層需要や訪日外国人客に支えられていたが，多くの百貨店はコロナ禍環境に十分対応できていない。訪日客も激減し，店頭売り上げを大きく押し下げられたことにより，多くの百貨店は店舗の一時休業を余儀なくされ，閉店に至るところも見られる。

　百貨店店舗の閉店事例としては，コロナ禍前の19年に伊勢丹府中店（東京都），伊勢丹相模原店（神奈川県）が閉鎖され，岐阜県大垣市で50年以上の歴史を持つヤナゲンも同年8月に閉店した。20年1月には，1700年創業の大沼（山形県）が破産し，3月には新潟三越（新潟県）も閉店した。状況改善を狙い，百貨店各社は次々と対策を2020年以降打ち出し続けている。

　本稿の対象とする三越伊勢丹ホールディングスは，主力の伊勢丹新宿店や日本橋三越本店（ともに東京都）を積極的に改装し，化粧品や雑貨売り場を拡張した。また，J.フロントリテイリングは，賃貸収入の増加を図るべく，ファッションビルのパルコを軸にした成長戦略を模索している。

　だが，いずれも状況打開の決め手に欠けており，デジタルを融合した新サービスを打ち出すなどの大胆な施策が求められている。

　本章は，次のような節立てで進める。

　まず，第1節では三井越後屋発祥から約300年間の三越について整理する。具体的には，（1）三井越後屋創業と三井高利のガバナンス観（江戸期），（2）明治維新から三越の立ち上げまで（1868〜1904年），（3）ブランド確立期から第二次世界大戦期（1904〜1945年）（4）終戦後からの高度成長経済期（1945〜1970年代）という4つの時代区分を項として見ていきたい。

　第2節では，ブランド停滞期からワンマン経営者危機まで（1975〜1983年）に注目する。具体的には，（1）1980年代初頭における三越危機の概要，（2）「ワ

ンマン経営者」Oの行状，（3）O追放におけるメインバンクの役割，そして
（4）O追放における従業員集団の役割といった4つの項からまとめる。

　第3節では，ブランド後退期から伊勢丹との合併時まで（1983～2011年）を，
第4節では新ブランドの揺籃期とコロナ感染危機まで（2011年～）をそれぞれ
整理したい。ここでは，伊勢丹との合併による三越百貨店の新たなガバナンス
的課題についても見る。

　最後の小括では，以上をまとめ若干の考察を行いたい。

第1節　三井越後屋発祥から300年間の三越

　本節では三井越後屋発祥から300年間の三越について整理する。具体的には，
（1）三井越後屋創業と三井高利のガバナンス観（江戸期），（2）明治維新から
三越の立ち上げまで（1868～1904年），（3）ブランド確立期から第二次世界大戦
期（1904～1945年）という3つの時代区分を項として見ていきたい。

（1）　三井越後屋創業と三井高利のガバナンス観（江戸期）

　1673（延宝元）年8月に，三井（八郎兵衛）高利は三井越後屋を創業した。
その屋号は，高利の祖父の時代まで「越後守」を名乗る武士であったことから
「三井越後屋」とされた。その後，三井家の姓を取った「三井呉服店」となり，
1904年に「三」と「越」を取って「三越呉服店」とし，現在の「三越」に至る。

　当時の代表的な看板である「店前現銀無掛値」，「小裂何程にても売ります」
は，高利が1683年に掲げたスローガンであり，「正札販売」を世界で初めて実
現した（三越本社編（2005），p.24）。また，「店前現銀売り」と銘打った店頭販
売の一方，三井越後屋では「諸国商人売り」と称する卸売りを他店に先駆けて
行った。これによって，当時富裕層だけの呉服を，広く町人大衆の支持を集め
ることができた（三越本社編（2005），p.25）。その点で，高利は戦前の三井財閥，
戦後の三井グループの源「三井家の家祖」と見なされる。

　創業以来，三越は商品・サービスなどすべての面でイノベーション＝「革新」

を繰り返してきた（吉村（2016），p.59）。1683（天和3）年5月に，本町から駿河町（現在地）に移転し，両替店（現在の三井住友銀行）を併置開業した。同店は，幕府の「御金蔵為替御用方」ともなる。

さらに，1668（元禄元）年に大坂店を開設した折，「大阪御用金蔵御為替御用」となる。これは，大坂で受領した現金を江戸で幕府に収めるまで60日の余裕ができたことを意味し，この間の多額の現金を無利息で運用することになった。この資金で三井越後屋は，紅染の自営，西陣織物の直買い，長崎の唐反物入札参加などの積極的な商いを展開することができた（三越本社編（2005），pp. 25-26）。

三井越後屋は，薄利多売方式による売り上げと，販売面でのイノベーションに特徴があった。それ以外にも，延宝元年「式目」25ヶ条にも見られるように（三越本社編（2005），p.27），店員には商売への精進や，勝負ごとを禁じる「使用人心得」を定めた。また，高利の孫にあたる高房は「町人考見録」を著し，子孫に大名貸のリスクを説き，家業永続を第一義とする三井家の理念を明確にした（山田（2017），p.39）。

高利は，晩年，豪商となった三井家の永続化について手立てを講じる。それは，「商家」としての存続であり，かつ三井「家」自体の存続であった。そのために，家組織の構造改革が進められることになった。それは，現代企業のガバナンス機構の普遍的テーマにも通ずるものである。

当時の三井越後屋は，事業については呉服と両替に分離され，地域も東西に分かれる20店舗を擁する巨大で多様な組織であった。そこでは，後継者に焦点があてられた。結果的に，彼は15人（10男5女）の子どもたちに分割相続せず，全員に相当分を「割り付けておく」と結んだ遺言を遺すこととした。

一族全体での相続という課題について，高利の長子である高平が対応することになった。1710年に，高平は三井全事業の統括機関「大元方（おおもとかた）」を設置する。そこでは，三井のすべての資本や資産は，この大元方がまとめて管理し，各店へ資本金を出資するという仕組みを示している。各店は，半期ごとに帳簿とともに利益の一定額を大元方に上納し，三井一族11家への報酬は大

元方から支払うことになった。

　ある意味で，その関係性は現在の「持株会社」に類似するものであった。

(2)　明治維新から三越の立ち上げまで（1868〜1904年）

　三井家のビジネスイノベーションは，明治維新を乗り切り，日本で初めての民間銀行を設立し，そして三井財閥へとつなげたプロセスにも示されている。三井家は，江戸時代より両替商・呉服商として資金の蓄積から，明治維新後の1876（明治9）年に三井銀行と三井物産を発足させることができた。

　本項では，明治期の三井財閥における三越の発展状況と，ガバナンス的観点からその「自立」的立ち位置と「自律」的性格について整理する。

　1868（明治元）年7月に，三井越後屋呉服店は手代中に三井家政の改革意見を募った。同年10月末日に，芝口店を閉鎖する（松坂屋の暖簾を下ろす）。1869年4月に，三井家は呉服業の存続を決定した。続いて，1872年1月11日に海運橋兜町に東京大元方を開設する。明治政府樹立と共に三井の事業は，大蔵省兌換証券の発行など政府との関係を一層強めた。東京大元方は，1710（宝永7）年以来京都に置かれた三井の総本部の移転を示すものであった（三越本社編（2005），p.28）。

　同1872年1月25日に，大蔵省主脳は三井家に呉服業の分離を勧告した（星野（1968），p.423）。それは，井上馨ら大蔵省首脳らによって，銀行設立のため不振の呉服店への対応勧告であった。同年3月に三井側はこれを受諾し，その分離は三井の「三」と三井越後屋の「越」をとって新たに創立した三越家に，三井家が譲渡する形式で進められた。これより三井越後屋呉服店は，三越得衛門名義となった。1874年1月には，東京日々新聞に「売出広吉」の掲載が行われた（日本の新聞広告の最初となる）（三越本社編（2005），p.32）。

　1893（明治26）年9月7日に，三井越後屋は「合名会社三井呉服店」に改組され，1895年8月に三井高堅が社長，益田孝が相談役，高橋義雄が理事に就任し，大元方の監督下入りをする（「三越のあゆみ」編（1954），p.1；星野（1968），p.425）。さらに，三井家は経営そのもののイノベーティブな改革にも着手する。

具体的には，座売りの一部を商品陳列販売にし，大福帳を西洋式帳簿に改めるなど行った。さらに，ユニークな人事システムとして，1900年に女子社員の採用も開始した。

高橋義雄（1861～1937）は，水戸藩士の家系で，初の奨学生の一人として慶應義塾に学び，時事新報に入社する。1887（明治20）年に渡米し，フィラデルフィアのデパート等各地の商業地・商業学校を視察した。その後，井上馨により三井銀行に入り，大阪支店長として初の女子行員を採用した。高橋は，1895（明治28）年，経営が悪化していた三井呉服店理事に就任し，呉服店からデパートへ転換し，小売業における革新を先導した。彼も慶應義塾出身者などを積極的に採用した。そして，それまでの大福帳から洋式簿記へと会計システムを変更したり，番頭と客が相対する「座売り」から，一見客も受け入れるショーケース「陳列販売」へと改善した。とりわけ，高橋の功績は，「意匠（デザイン）部」を創設したことである。彼は，パリでモードに出会っていたため，新進の芸術家を起用し着物などの新デザインを取り込むなどの「流行」を創出した。高橋は，日比翁助と同様に，三越ブランドの立役者であり，日比が「ソフト」面，高橋は「ハード」を担ったといえる。

1904（明治37）年12月6日に，「株式会社三越呉服店」が設立される（星野（1968），p.425）。本店は東京に置かれ，資本金は50万円であった。三越呉服店の初代専務取締役には，日比翁助が就任し（和田（2020），p.14），同店は同年12月21日に開業した（廣田（2013），pp.34-35）。当時，顧客や取引先に三井・三越の連名で，三越呉服店が三井呉服店の営業をすべて引き継いだ案内を行い，それ以降の方針として「デパートメントストア宣言」が行われた。同店は，「東洋のハロッズ（ロンドン）に」と大きな目標を設定し，これに見習った店舗作りと近代的な経営手法の導入が図られた（吉村（2016），p.59）。

日比翁助（1860～1931）は，久留米藩士の家系で，高橋同様に慶應義塾に学び，1897（明治30）年に中上川の招きで三井銀行に入り[1]，その後三井呉服店支配人に抜擢され，高橋と共に改革に取り組む。専務取締役に就任時，日比は「デパートメントストア宣言」を発表する。彼は，「学俗協同」（「俗」はビジネ

ス）を掲げて，新渡戸稲造，黒田清輝，森鷗外など著名文化人による流行研究会「流行会」を組織した。そこには，学識経験者にビジネスチャンスの意見を聴く意図があった。また，児童（こども）博覧会・美術展の開催，西洋音楽の演奏会や三越少年音楽隊の創設にもかかわる。彼は，洋風生活様式の紹介など，ビジネスの成果を社会に還元する意味で，「文化・啓蒙機関」としてのデパートを志向した（生島（2012），pp. 3 -10）。

　高橋義雄と日比翁助は，デパート経営を通じて，一般国民の「文化の近代化」を目指していたとも考えられる（林（2013），pp.97-124）。

　その後の三越の経営は，長年にわたり，他の百貨店にとって「手本」となった。日本の国家モットーが「文明と啓蒙」といわれる時代において，欧米とは異なり，日本の百貨店は商業施設であるだけでなく，現代の文化的生活を定義する文化施設でもあった（YinYing Chen（Spring 2017））。

　この時期，三井財閥における三越は三井財閥からの「自立」的地位のもとに，独自の「自律」性を持つという特殊な性格を得ることになった。

(3)　ブランド確立期から第二次世界大戦期（1904〜1945年）

　昭和に入った1928年 6 月 1 日に，商号は「三越」に改められる（「三越のあゆみ」編（1954），p. 4 ；星野（1968），p.427）。さらに，1932年には三越が建設資金を負担し東京地下鉄道「三越前駅」が開業することになる。

　1943年に，岩瀬英一郎が同社社長に就任する。岩瀬（1894-1963，神奈川県出身）は，三井銀行ニューヨーク支店長・専務，東京電燈取締役を経て三越社長となり，戦後の三越再建を牽引することになる。

　ここで，1905（明治38）年から1947（昭和22）年までの三越の売上高，利益，従業員数の推移について見る（表 7 - 1 ）。

表7－1　三越の売上高，利益，従業員数の推移（1905～1947年）

年度	商品売買益	純益金	人員（　）は召集中
1905（明38）	537,661	114,073	323
（〃39）	677,050	196,361	―
（〃40）	1,113,950	266,255	596
（〃41）	1,258,827	261,631	892
（〃42）	1,409,134	332,901	―
（〃43）	1,689,979	378,842	1,407
（〃44）	1,935,082	438,928	1,570
1912（大元）	2,094,526	560,758	1,812
（大2）	2,117,623	558,159	1,880
（〃3）	2,111,212	536,801	1,944
（〃4）	2,365,341	644,363	2,245（2）
（〃5）	3,094,382	1,033,729	―
（〃6）	4,192,420	1,453,938	2,561
（〃7）	5,480,450	1,910,331	3,123（5）
（〃8）	8,840,455	2,992,406	3,471（4）
（〃9）	9,604,784	2,693,065	4,082（9）
1921（〃10）	11,601,464	3,350,663	4,593（34）
（〃11）	11,102,014	2,763,756	5,101（12）
（〃12）	10,168,077	2,296,529	5,344（16）
（〃13）	11,042,848	2,223,357	4,599（5）
（〃14）	10,541,247	2,277,328	4,903（26）
1926（昭元）	11,945,400	2,942,592	5,344（16）
（昭2）	13,553,328	3,574,461	5,938（40）
（〃3）	14,828,427	3,951,354	6,059（47）
（〃4）	13,997,459	3,520,231	6,494（45）
（〃5）	14,072,765	2,782,515	7,476（41）
（〃6）	15,560,904	2,748,696	7,845（41）
（〃7）	15,573,646	2,236,836	8,321（38）

（昭 8 ）	16,036,608	2,250,267	8,583 （67）
（〃 9 ）	16,439,102	2,499,771	8,464 （55）
（〃10）	17,073,356	2,646,538	8,710 （66）
（〃11）	18,010,974	3,103,691	8,391 （64）
（〃12）	19,723,449	3,387,535	8,514 （66）
（〃13）	21,192,846	3,716,329	8,796 （280）
（〃14）	24,935,830	5,072,622	8,655 （481）
（〃15）	25,716,744	5,384,026	8,750 （509）
（〃16）	26,099,132	5,283,373	7,978 （462）
（〃17）	23,358,506	4,520,197	7,359 （699）
（〃18）	20,579,838	5,033,651	6,062 （815）
（〃19）	14,890,703	5,254,639	—
1945 （〃20）	19,293,682	6,191,295	—
（〃21）	69,683,329	7,193,290	—
（〃22）	243,346,750	13,279,788	—

（注）明治38年度から大正 8 年度までは12月期決算。

　　　大正 9 年度は13カ月決算。大正 9 ，10年度は 1 月期決算。

　　　大正11年度は13カ月決算。大正11年度から昭和22年度までは 2 月期決算。

（出所）三越編（1990）p.304。

　ここで理解されるように，1923（大正12）年 9 月 1 日の関東大震災や，1941年からの第二次世界大戦といった外的変化の影響以外の時期において，三越は売上高，利益，従業員数を着実・計画的に拡大してきたことが伺える。

（4）　終戦後からの高度成長経済期（1945～1970年代）

　日本は，第二次世界大戦に敗戦した。それを受け，三越は新たな転換と発展に向かう。むろん，そこには，三井のみならず諸財閥の解体も伴われ，政治・経済・社会諸環境の激変を避けることができなかった。

　1948（昭和23）年 2 月22日に，前年公布された「過度経済力集中排除法」による第 2 次指定「配給・サービス部門68社」が示された。そのなかに百貨店業

202

界では，大丸・髙島屋・松坂屋と並んで三越も含まれた。三越は，渉外部を設置し，自社の歴史，三井との関係実態をGHQに説明し，同年5月7日に指定が解除されることになる（三越，1990，p.149）。その後，それまでに培われたブランド力の進展が，売上高，利益の向上とともに強化されることになる。

ここでは，昭和23年から昭和38年までの，三越の売上高，利益，従業員数の推移について見る（表7-2）。

表7-2　三越の売上高，利益，従業員数の推移（1948〜1963年）

（単位：千円：人）

年度	売上高	純利益	株主数	総資産	自己資本
1948（昭23）	4,047,336	77,402	5,330	578,043	113,996
(〃24)	7,182,360	182,943	5,963	927,116	263,582
(〃25)	11,840,547	415,514	5,791	4,220,254	3,016,792
(〃26)	17,015,729	580,427	7,779	4,347,007	3,165,499
(〃27)	20,333,822	659,664	10,015	5,070,747	3,345,648
(〃28)	24,919,644	740,019	10,930	7,471,653	5,185,396
(〃29)	24,509,715	694,715	20,546	8,079,047	5,760,147
(〃30)	24,962,119	771,935	22,390	9,278,240	5,832,634
(〃31)	28,881,187	809,259	22,668	11,755,506	6,593,033
(〃32)	33,112,035	1,089,427	22,843	13,369,629	6,787,731
1958（〃33）	35,055,462	1,124,735	22,175	13,473,113	6,962,162
(〃34)	38,219,742	1,318.909	24,080	13,654,263	7,447,918
(〃35)	45,351,639	1,670,442	25,118	15,834,978	8,723,943
(〃36)	54,816,823	2,836,334	28,232	17,983,611	9,542,571
(〃37)	61,344,228	2,976,556	37,992	22,392,176	13,597,358
(〃38)	71,075,119	3,854,255	39,033	27,225,855	14,265,250

年度	従業員数	男	女
1948（昭23）	3,439	1,659	1,780
（〃24）	3,475	1,623	1,852
（〃25）	3,811	1,644	2,167
（〃26）	4,112	―	―
（〃27）	4,448	―	―
（〃28）	4,783	―	―
（〃29）	5,013	2,705	2,938
（〃30）	5,140	2,248	2,892
（〃31）	5,521	2,629	2,892
（〃32）	6,105	3,011	3,094
1958（〃33）	6,353	3,298	3,055
（〃34）	6,273	3,388	2,885
（〃35）	6,816	3,616	3,200
（〃36）	7,610	3,960	3,650
（〃37）	8,272	4,244	4,028
（〃38）	8,867	4,515	4,352

（注）純利益は，税引き前利益と同義。
（出所）三越編（1990），p.304。

　しかし，三越の発展には伴わず三井グループは，六大グループの中では，順調に進展することはなかった（表 7 - 3）。

表 7 - 3　六大コンツェルンの年次別総資産・資本金・売上高の推移

(1) 総資産にみる推移　　　　　　　　　　　　　　　　　　　　　（単位：億円）

年	1951（昭和26）	55（〃30）	60（〃35）	65（〃40）	70（〃45）
三井	1,236（2）	2,734（2）	6,296（3）	13,828（4）	26,776（3）
三菱	1,441（1）	2,971（1）	7,097（2）	22,623（1）	45,896（1）
住友	1,133（4）	2,589（3）	7,713（1）	16,797（2）	43,157（2）
富士	1,262（3）	2,237（4）	5,089（5）	11,759（5）	25,238（5）
三和	1,086（5）	1,793（5）	5,212（4）	13,916（3）	26,633（4）
第一勧銀	719（6）	1,492（6）	4,035（6）	10,379（6）	24,885（6）

(2) 資本金にみる推移　　　　　　　　　　　　　　　　　　　　　（単位：億円）

年	1951（昭和26）	55（〃30）	60（〃35）	65（〃40）	70（〃45）
三井	160（1）	476（1）	1,191（2）	2,186（4）	2,674（6）
三菱	103（3）	393（3）	1,050（3）	3,260（1）	4,610（2）
住友	146（2）	470（2）	1,304（1）	3,253（2）	5,038（1）
富士	67（4）	252（5）	779（5）	2,108（5）	2,762（5）
三和	58（5）	332（4）	901（4）	2,459（3）	2,844（3）
第一勧銀	42（6）	242（6）	622（6）	2,037（6）	2,846（4）

(3) 売上高にみる推移　　　　　　　　　　　　　　　　　　　　　（単位：億円）

年	1951（昭和26）	55（〃30）	60（〃35）	65（〃40）	70（〃45）
三井	876（2）	1,590（2）	2,842（3）	5,282（4）	11,938（3）
三菱	964（1）	1,681（1）	3,883（2）	9,435（1）	21,165（2）
住友	834（4）	1,460（4）	3,994（1）	7,407（2）	22,640（1）
富士	835（3）	1,140（4）	2,302（5）	4,732（5）	11,442（5）
三和	781（5）	1,103（5）	2,562（4）	5,301（3）	11,453（4）
第一勧銀	463（6）	730（6）	2,010（6）	4,172（6）	10,581（6）

（注）（　）内は同年度に於ける量的順位を示す。

（出所）野口祐編（1979）p.46。

　ここから，六大コンツェルンの中で三井が相対的に低調であったことが伺える。すなわち，「・・・三井，富士・三和・各コンツェルンは，　・・・いずれも平均以下の値しかとっていない。また基準にした場合でも三菱・住友両コンツェルンは，平均をはるかに上回っているが，三井・富士・三和はいずれも全産業・製造業一般および対象製造業平均よりも低い伸びしか示していない。こうしたことは資本金，売上高をとってみても同様にみとめられるところである。」（野口祐編（1979），p.46）

　この三井コンツェルン全般の低調は，それまでの三井財閥と三越の関係にも影響を与えるものになった。「三井グループの中の三越」が後景に追いやられ，「百貨店業界・小売業界（ブランド）No.1の三越」が前景に示されることになった。それは，単に売上・利益といった経済性だけでなく，独自ブランドの確立といった社会性的観点が強まったと考えられる。

　ただし，三越自身のコーポレートガバナンスの観点からみて，その後，三井グループからのチェックを制限させ，規律そのものを喪失させる状況を現出させていく。

第2節　ブランド停滞期からワンマン経営者危機まで（1975～1983年）

　本節では，ブランド停滞期からワンマン経営者危機まで（1975～1983年）に注目する。具体的には，(1) 1980年代初頭における三越危機の概要，(2)「ワンマン経営者」Oの行状，(3) O追放におけるメインバンクの役割，そして(4) O追放における従業員集団の役割といった4つの項からまとめる。

(1)　1980年代初頭における三越危機の概要

　戦後から高度成長期へ向かう時代，三越の業績も乱高下を見せるようになる。他の百貨店も並走する実力をつけ，また新たな小売り業態としてスーパーマーケットが台頭してきた。戦後からの三越の歩みについて概観する。

　敗戦から立ち上がる1950年に，三越日本橋本店では戦後初のファッションショー

が開催された。また，同年に三越では「マッカーサー元帥胸像」の除幕式も行われた。しかし，翌51年12月18日に，日本の百貨店で初のストライキが三越で起きることになる。

　一方，1963年に松田伊三雄が社長に就任し，71年に日本の小売業として初めて三越の売上高は1,000億円を突破した。

　その後，1972年にO社長が就任し，82年に「三越事件」が発生する。取締役会でOの代表取締役および社長解任が決定され，市原晃が社長に就任することになる。1980年代，三越の業績は凋落し続けていた。その起点は，1972年のO社長就任に根本的な要因があったといえる。

　ここでは，1964（昭和39）年から88（昭和63）年までの，三越の売上高，利益，従業員数の推移について見る（表7-4）。

表7-4　三越の売上高，利益，従業員数の推移（1964〜1988年）

（単位：千円）

年度	売上高	経常利益	当期利益	株主数	総資産
1964（昭和39)	79,300,222	4,222,436	2,652,615	35,722	31,468,089
1965（〃40)	83,908,877	4,461,196	2,856,456	32,163	35,138,875
（〃41)	93,581,481	5,160,712	3,178,536	32,146	36,527,761
（〃42)	104,458,362	5,558,875	3,533,124	36,730	42,516,186
（〃43)	122,956,231	6,512,387	4,293,696	39,065	48,400,728
（〃44)	150.785,481	7,863,017	5,489,945	36,571	62,569,443
（〃45)	188,568,514	8,998,618	6,326,823	34,617	80,646,241
1976（〃46)	229,396,773	9,985,539	7,278,216	35,573	108,011,681
（〃47)	292,478,500	12,179,519	9,117,737	36,749	121,657,605
（〃48)	374,089,096	13,903,056	11,567,219	45,457	150,833,277
（〃49)	419,157,017	16,296,034	12,889,243	52,580	158,690,459
（〃50)	407,940,401	17,769,780	8,073,687	51,080	152,635,958
（〃51)	430,439,544	20,013,863	9,164,468	54,557	156,716,098
（〃52)	451,146,649	22,252,908	10,304,029	51,896	168,481,115
（〃53)	470,585,097	22,520,478	10,688,904	53,926	179,147,729

(〃54)	490,548,147	20,634,231	10,109,514	59,164	206,189,703
1980 (〃55)	545,719,442	21,036,775	10,706,518	56,995	222,691,944
(〃56)	586,430,231	15,057,418	7,501,866	56,190	249,925,766
(〃57)	545,541,125	▲4,874,625	5,086,563	44,514	228,667,631
(〃58)	522,037,895	▲9,895,556	▲5,679,089	44,472	214,000,986
(〃59)	537,925,714	2,078,278	257,156	43,469	211,530,180
(〃60)	568,417,930	7,249,603	1,739,437	38,000	213,328,427
(〃61)	600,330,709	8,393,910	3,183,950	36,731	220,021,961
(〃62)	643,356,837	10,052,936	4,220,024	35,260	271,479,013
1988 (〃63)	712,628,260	14,036,148	5,932,498	33,068	289,302,916

（単位：人）

年度	従業員数	男	女
1964 （昭和39)	9,006	4,682	4,324
(〃40)	9,774	4,918	4,856
(〃41)	10,010	4,956	5,054
(〃42)	10,037	5,026	5,011
(〃43)	10,804	5,269	5,535
(〃44)	10,826	5,477	5,349
1970 (〃45)	11,318	5,749	5,569
(〃46)	12,519	5,995	6,524
(〃47)	12,646	6,157	6,489
(〃48)	13,749	6,744	7,005
(〃49)	14,246	7,203	7,043
(〃50)	14,416	7,412	7,004
(〃51)	13,969	7,429	6,540
(〃52)	13,553	7,427	6,126
(〃53)	13,209	7,443	5,766
(〃54)	13,010	7,529	5,481
1980 (〃55)	13,201	7,594	5,607
(〃56)	13,076	7,517	5,559

(〃57)	12,672	7,372	5,300
1983（〃58）	12,370	7,238	5,132
(〃59)	12,053	7,090	4,963
(〃60)	11,285	6,962	4,323
(〃61)	11,210	6,884	4,326
(〃62)	11,235	6,831	4,404
1988（〃63）	11,183	6,810	4,373

（出所）三越編（1990），p.304，一部加筆。

(2) 「ワンマン経営者」Oの行状

Oには，『創造する経営』（1973年：実業之日本社）という著書がある。彼は，社内外にて「アイデアマン」と評されており（斎藤（1973），p.78），消費のいわゆる「モノ離れ」が拡大する中で，新たな「文化路線」を押し進めた。それは，カルチャー・センター，美術館，劇場，スポーツ売場などの拡充着手であった（吉村（2016），p.59）。

当初，この文化路線は後に他の百貨店からも追随された。しかし，その経営手法には，「ワンマン」もしくは「乱脈」と批判される側面が垣間見られた。例えば，重要案件であっても側近に諮ることなく，「独断専行」が通常スタイルになることや，自身が手がけた案件の内容自体にも疑問視される点が顕在化した。一例として，本業で新たな顧客層の開拓を目指して「ヤング路線」を標榜するが，顧客層自体の拡大にはつながらず，逆に既存の得意客を遠ざけることになった。また，本業とはかけ離れた事業（別荘地の販売，など）にも乗り出したが，事業としては継続しなかった。

さらに，コンプライアンスの面でも，重大な諸問題を引き起こす。典型例として，O社長と親密関係にある女性Tが経営する会社を，三越の仕入れ先に指定し，そして販売が見込めない質・量の商品を三越に仕入れさせることもあった。これによって，女性の経営会社に不当な利益が得られる仕組みとなった。後に，この女性は所得税法違反，脱税の疑いで逮捕され，裁判結果として実刑

が言い渡されることになる（日経流通新聞編（1982）；吉村（2016），p.59）。

　O社長による「三越私物化」が進行する中，Oの命令・指示に従わなかった取締役やミドル管理者も存在した。しかし，結果的に彼らはOにより左遷や退職を余儀なくされていった。

　そのような経緯の結果，三越取締役会はOの「側近」で占められ，独裁体制は盤石になっていく。しかし，就任10年後の1982年に，ようやくO体制は崩壊する。1982（昭和57）年の 2 月期の決算において，経常・当期利益が激減し，営業利益でも業界 1 位からいきなり 3 位に転落した。これにより三越の業績悪化状況が外部に表面化した。1980年度までは無借金であったが，翌年 8 月期の中間決算で150億円の借入金を計上し，81年度末には239億円にまで増加した（吉村（2016），p.59）。

　その一方で，81年の 6 月17日に，公正取引委員会（以下，「公取委」とする）で審判が継続していた三越の独占禁止法違反事件が決着する。この事件は，1978年11月に公取委が同法違反容疑で三越本店などを立ち入り検査して以来， 3 年半余にわたる訴訟となっていた。

　当時の三越の売上高は，百貨店業界において第 1 位であり，小売業界全体においても第 2 位の地位として，「名門百貨店」としての信用を誇っていた。そのため，納入取引を強く望む業者は数多くあった。公取委は，こうした状況に乗じて，三越が納入業者に不利な取引を強要し，「押し付け販売」や「協賛金要請」を行っていた点に着目した。すなわち，取引継続を望む業者への不当な「無理強い対応」が問題視された（吉村（2016），pp.59-60）。

　翌1979年 4 月に，それまでの事実関係をもって，公取委は独禁法19条（不公正な取引方法の禁止）の違反と認定し，排除勧告が出されることになった。しかし，公取委から排除勧告を出された三越は，それに「不応諾」を表明する。ここでの不応諾とは，押し付け販売の事実はなく，百貨店側が納入業者側に対して強い位置にあるわけでない，といった主張から判断を審判へと持ち込むことであった（三越本社編（2005），pp.246-247）。1979年 6 月から審判が開始され，その決着まで 3 年間，公取委と争うこととなる。三越は，審判では独禁法違反

の事実を一貫して認めなかったが，最終的には「同意審決」の形で決着がつく。同意審決とは，公取委の排除勧告を不服として審判で争う三越が独禁法違反の事実を認め，勧告を受け入れる手続きのことであった（吉村（2016），p.60）。

つまり，自らの主張を一転させることになり，Ｏは受け入れを不服にしつつも，三越として一層のイメージダウンを恐れたことによる同意であった。三越の独禁法違反事件は，1982年6月に同意判決の形で終了したが，その後もＯ体制を揺るがすその他の事案は発生し続ける。

翌1983年7月の三越本店の売上高は，前年同月比5.2％減となり，過去最高の減少率を記録した。その直後の8月末に，本店開催の「古代ペルシア秘宝展」にて偽物展示の疑いのあることが新聞報道される。結果的に，報道内容の通りでその大半が贋作であることが判明した。

1983年9月10日の8月中間決算にて，三越の経常利益は約30億円激減し，前年同期に比べて半減した。「ワンマン」，「乱脈」，「私物化」などと形容されたＯ体制は，同年9月22日に終末を迎える。それは，同日午前11時から本社7階の会議室で行われた第419回定時取締役会であり，同会議ではＯ社長を含む17人の取締役，4人の監査役，役員全員の出席で行われた（三越本社編（2005），p.246）。この会議の約1時間前に，Ｏは「今後も社長のもと，一致団結して努力していく」と「Ｏ側近」と見なされたＳ（代表取締役専務）の提案のもと，全員が「異議なし」と大合唱をするリハーサルも行っていた（日経流通新聞編（1982），p.10）。

同会議では，5件の審議の後，「Ｏ側近」Ｓから社長解任要求が提出される。側近からの提案にＯ社長は驚き，「なぜだ」と発言するが，そのまま採決に持ち込まれた。結果は「賛成16対反対0」（Ｏ社長を除く）でＯ解任が決定した。「子飼い的側近」で固められていた取締役会にて，「反対0」との結果にＯは再度「なぜだ」と声を上げることになった（岡田（1984））。Ｏは，10年にわたる社長の座から降ろされ，非常任取締役となった。

同日午後12時30分に，東洋経済新報社ビル9階で，Ｏ社長を除く全取締役・監査役が出席し記者会見が行われた。そこでは，報道関係者約200名を前に，

「本日開催された取締役会において，Ｏ社長を除く全員一致で，Ｏ社長の解任が決定された」旨の声明文が読み上げられた（三越本社編（2005），p.246）。

この解任劇は，同日の2ヵ月前頃から取締役間で周到な作戦が練られていた。そこでは，社外重役の小山五郎三井銀行相談役の助言や指導もなされていた（齋藤監修（2007），p.31）。さらに，同解任劇はメインバンクが重要な役割を果たしていた。

（3）　Ｏ追放におけるメインバンクの役割

三越における経営者解任事例は，第一にメインバンクが大きな力となった。その後，三越の事例から日本企業における経営者の任免・監視機能における「メインバンク」の役割に大きな期待と注目が集まることになる（田中（2014）；蟻川・宮島（2015）；吉村（2016），p.58）。

1982年9月22日に発生した三越Ｏ社長解任事例は，日本の経営者退任事例の中でも「もっとも劇的な事件」（仁田（2003），p.206）と捉えられている。また，コーポレートガバナンスの観点からも，メインバンクのモニタリング機能が発揮された代表的な事例とも捉えられる。

当時の三越のメインバンクは，三井銀行（現・三井住友銀行）であった。同行から社外取締役として派遣されていたのが小山五郎であった。82年3月当時の三越の役員は，代表取締役Ｏを含めて17名であり，そのうちＯを含め慶応大学卒業者が11名であったが，小山は東京大学卒業であった（日経流通新聞編（1982），pp.24-25）。小山は，事前に直接Ｏに辞任を要請していたが，Ｏはその要請を拒絶していた。そのため，小山は，三井グループ各社の幹部や三越内部のいわゆる「反Ｏ派」の意見を集約し，同グループからも辞任要請が出されるところまで準備していた（吉村（2016），p.58）。

小山の努力成果は，取締役会におけるＯ社長の解任決議案の発議と，その可決成立に結実することになった（吉村（2016），pp.60-61）。三越事件は，メインバンクのモニタリングや社外取締役が機能した事例となった[2]。

212

（4） O追放における従業員集団の役割

　三越における経営者解任の事例は，第二に従業員集団の役割も示される。

　当時の三越取締役の仁田氏は，メインバンクは補助的な役割を果たしたにすぎず，この事件の内情を知る立場として，社長解任の主体は，内部取締役と，上級管理職であったと振り返る。さらに，彼はそれ以上に従業員の危機感を代弁した労働組合の役割の重要性も指摘する（仁田（2003），p.206）。

　三越の顧問弁護士・河村貢は，当時の三越のガバナンスのあり方に対する従業員集団が果たした役割を示している（河村（1985）；河村（1988）；河村・河本・近藤・中村・若杉（1994），pp. 6 -33）。河村は，親子二代で三越の顧問弁護士を務めた人物であった。だが，O社長とは意見が合わず，O体制下では疎遠的な存在にあった。そのため，Oの経営姿勢に強い疑問を持っていた河村は，O社長解任は三越にとって必要と考えていた。

　河村は，公取委の指摘した業者との取引など，問題視される点に注目した。そうした河村の行動には，次第に社内の賛同者を増やすことになる。河村は，解任採決直後に取締役会に参加していた。それは，議長であるOが，取締役会における解任決議の正当性に異議を唱えることが見込まれていたためである。実際，Oは異を唱えたが，その場で河村は法的に問題ないことを説明した（吉村（2016），p.62）。

　また，河村の取締役会参加を可能にしたのは，取締役会事務担当である総務部門との連携にあった。河村は，社長解任の取締役会が滞りなく成立する準備のため，事前に同部門ミドルとも会合をし，それが実現された。

　当時，「親O派」の人々によって，取締役会の会場への立ち入りは難しく，入口封鎖が想定されていた。しかし，意を同じくする総務部門の人々によって封鎖は解かれ，河村は手引きされ入室が可能となった。これらは河村からの依頼以上に，ミドルからの積極的な働きかけがあったためである。

　その他にも，解任のあった1982年に社内昇進した取締役総務本部長からの支え・後押しもあった（河村（1985），p.146）。すなわち，社長解任に向けた社内ミドルの行動も大きな要因と指摘される[3]（吉村（2016），p.62）。

　同様に，労働組合も社長解任につながる相応の貢献をしていた。長年「御用組合」と揶揄された三越労組も従業員に蔓延していた不満や危機感を代弁する形で解任を促す意見を表明していた。解任に先立つ9月13日には，「私達の生活と職場を守るために」という声明文をまとめており，「経営体制の刷新」，「明確なる責任」という間接的な表現をとりつつ，社長退任を要求した。こうした意見表明も含めて，労組の役割もその解任を後押しした。

　河村は，会社法の専門家であり，加えて内部情報に精通していた解任劇の重要人物であった（河村・河本・近藤・中村・若杉（1994）；宮澤（2007），pp.59-109）。三越社内においてO社長のライバルと目され，Oに退社を余儀なくされた坂倉芳明（退社後に西武百貨店社長，三越復帰後に社長・会長）は，「河村弁護士は私が三越を去った後も，岡田氏追放のための活動を積極的に展開していた。それがそれから9年後，82年の岡田解任につながる」（岡田（1997））と述べている。

　Oの解任追放劇は，メインバンク，顧問弁護士，外部取締役，内部取締役（上級管理署），社内労働者など多様ステイクホルダー主体の連携によって達成されたといえる。

第3節　ブランド後退期から伊勢丹との合併時まで（1983〜2011年）

　三越事件決着後，三越は「お詫びとこれからの展開」の新聞広告として，「三越の新しい誓い」を示し，経済面でも社会面でも回復に努力していく（三越本社編（2005），p.247）。それは，Oというワンマン経営者を排除することで具体化されたが，業績回復のみならず社会的信用という側面での回復には時間を要した。そして，1980年代半ばに，新たな課題を抱えることになる。

　1986年に坂倉芳明が社長に就任する。その後，97年に坂倉芳明「ゴルフ場事件」（ゴルフ場開発で莫大な損失を出し社長を引責辞任）が生じた。その直後に，津田尚二が社長に就任する。

　1998年に，津田主導のもと「顧客第一主義」の実現をめざされ，営業本部制が導入されることになる。99年就任の井上和雄社長時代において，2003年9月

1日に子会社4社（千葉三越，名古屋三越，福岡三越，鹿児島三越）と合併（新設合併）が断行される。それによって，（2代目）株式会社三越が誕生することになった。

経営者人事面でも変化が生じた。2005年に石塚邦雄が社長に就任したが，彼は戦後三越初の慶応卒以外の社長であった。また，店舗展開でも新たな戦略がとられ，2006年に初の郊外型店舗，武蔵村山店（2009年3月1日）が開店した。さらに，同年には外部機関との提携も進められ，日本郵政公社と各種物流における業務提携等及び新商品の共同開発が締結された。

2008年4月には，1673年創業の「三井越後屋呉服店」に始まる三越と1886年創業の「伊勢屋丹治呉服店」の伊勢丹が経営統合されることで，三越伊勢丹ホールディングス（HD）が誕生する。三越は，同社の完全子会社となる。

三越伊勢丹ホールディングスは，当時，店舗の「暖簾」として三越，伊勢丹，丸井今井，岩田屋を擁する，連結売上高1兆5千億円超の国内最大の百貨店グループとなる。その方策の一つとして，2010年4月1日地方に直営店の大半を分社化し，2011年4月1日には運営会社の三越が，伊勢丹を吸収合併し，「株式会社三越伊勢丹」となる。

2012年2月より同ホールディングス代表取締役社長に就任した大西洋は，自らの著書で三越伊勢丹の2つの重視すべきこととして，「顧客満足」と「現場で働く人」を挙げている。そして，それらによってイノベーションが生じると説明している（大西（2016），pp. 3 - 9 ）。

ここで，2007〜2016年の三越伊勢丹の利益率を中心として財務状況について概観する（図7 - 1 ）。

図 7 - 1　三越伊勢丹の財務状況（2007〜2016年）

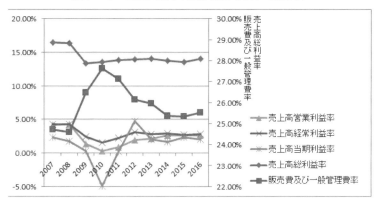

（出所）SPLENDID21 NEWS（2021）。

　図 7 - 1 の三越伊勢丹の財務状況（2007〜2016年）を見る限り，合併の余波とも考えられるが，2009〜2010年にかけて，販売費・一般管理費率が急激に高まっており，その結果，売上高当期利益率をマイナスにした状況が伺える。しかし，その後，16年度にかけては一定の改善が進められてきたと理解される。

　それは，伊勢丹という新たなブランドに加わったことで，三越は新たな段階に踏み出した現象と判断できる。

第 4 節　新ブランドの揺籃期とコロナ感染危機まで（2011年〜）

　2017年 3 月 7 日に，三越伊勢丹グループから同HDの大西洋社長の辞任が正式発表された。

　辞任を表明した大西社長は，従来からの百貨店事業だけに依存するのではなく，企業戦略のレベルではブライダル事業などへの多角化を，事業戦略では自主企画商品の強化，仕入れ構造の見直し，など大胆な戦略転換を企ててきた。

　しかし，社長自身が掲げていた2018年度の営業利益500億円の目標達成が 2 年後ろ倒しを余儀なくされたことなどが辞任理由となった。当時，コーポレー

トガバナンスの動きから，経営者の選解任を主導する者として，社外取締役が期待されていた。しかし，この事例では彼らの役割は限定的なものであった。最終的に，社内昇進者の会長から社長に向けて辞任が迫られたと報道されている。

　一方で，社長を辞任せざるを得なかった背景には，労組からの強い「発言」があったとされている。2016年末から複数の店舗撤退も選択肢とされた計画が社内よりも社外に先にアナウンスされ，具体的な地方店舗名をあげての報道が続く状態となっていた。すなわち，O社長とは区別されるが，その状況には専横的姿勢を窺わせるものであった（大西（2017），pp.22-25）。

　2017年年明けに，会長・社長と労組が定期的に参加する経営懇話会の席にて，経営トップの責任追及がなされた。続いて，組合員に配布された労使交渉向け議案書にも責任追及の記載が盛り込まれていた。

　三越伊勢丹ホールディングスの制度的なガバナンス機能の強化は，2020年より次の2点から始まった。

　　①指名委員会等設置会社への移行

　　②コーポレートガバナンス・ガイドラインの設定

　①の指名委員会等設置会社への移行は，2020年3月25日に同代表取締役執行役員の杉江俊彦から発令された。08年の同ホールディングス発足以来の監査役会設置会社を選択したことからの改変であった。そこでは，取締役会の監督機能の強化と迅速な意思決定を図ることを目指すものであった[4]。

　②のコーポレートガバナンス・ガイドラインは，2020年11月11日に同ホールディングスから示された。第1章の「総則」では基本的な考え方と，三越伊勢丹グループ「私たちの考え方」が示され，第2章では「ステークホルダーとの適切な協働」，第3章では「株主の権利・平等性の確保」，第4章では「適切な情報開示と透明性の確保」，第5章では「取締役会の責務・体制」，第6章では「株主・投資家との対話」がそれぞれ示された[5]。

　2020年当初からの，日本のみならず世界レベルでのコロナウイルス禍は，このような「社内レベル」の課題ではない。しかし，三越ブランドは，コロナ禍

においても，不変であるはずである。すなわち，それまで三越内部でのイノベーション，三井グループでのガバナンスという 2 つのナレッジ（企業知識）は，確実に現今の課題をクリアできるものとも予測しうる。

小括

　以上から，三越のコーポレートガバナンスの変遷は次のような段階があったことが示される。

①江戸期:「三井越後屋ブランド」の完成と事業体の存続化を完成したこと。ここでは，高利および継承者によるブランド確立とガバナンスの機能化が進められた。

②明治期（三越スタートアップ）：財閥内の「個＝三越」としてのブランド強化と，それと緩やかに切り離された「グループ＝財閥」のガバナンス体制が確立された。

③大正・敗戦期：三越ブランド維持と「財閥」機関における適応的ガバナンスが維持されていたこと。特に，三越ブランドについては，その後の伊勢丹との合併時においてすら引き継がれるものであった（大西（2016），pp.232-234）。

④敗戦後からO退陣期：グループ内の「一企業」として，「安定・後退」するブランドの維持とガバナンスの不全が是正されたこと。

⑤「バブル」期から伊勢丹合併期：「凋落」ブランドの再生と，「合併新企業」のガバナンスの模索がされたこと。

⑥コロナ感染危機まで:「新ブランド」の形成無きままの,「形式的ガバナンス」の追求がされていること。

　三越は，伊勢丹と合併したことは，財務的合併と捉えられる。すなわち，百貨店としては，現在も別ブランドとして展開している。むろん，そのことはトップのみならず，ミドル，ロワーの従業員の意識にも反映されると推察される。それは，国内外における小売業全体＝外部環境との競争という観点からすると，

それまでのライバル意識の保持は，ホールディングスという観点からも受容しうる。

　しかし，かつての「事件」の再犯を防ぐには，自身以外の外部からの監視が求められる。伊勢丹という実質的な外部の百貨店は，三越そのものを規律化させる意義がある。

〈注〉
(1)　中上川は，明治期の三井銀行員時代に中国が将来的に日本の大きな市場になると予想していた（W.D. Wray（1984），p.356）。
(2)　1982年に起きた三越のO社長の解任は三井グループが主導した結果という批評もある（『日経産業新聞』2010年5月19日付）。
(3)　匿名の三越従業員の以下のような発言がある。「・・・管理職中心に信頼できる仲間を募って，O社長にまつわるスキャンダルをマスコミに流した・・・」（『日経ビジネス』1982年10月18日号，259ページ）。
(4)　株式会社三越伊勢丹ホールディングス「指名委員会等設置会社への移行について」（2020年3月25日）。
(5)　株式会社三越伊勢丹ホールディングス「コーポレートガバナンス・ガイドライン」（2020年11月11日）。

Chapter 8　Matsuya's Innovative Behavior and Follow up Strategy of Mitsukoshi

I　Introduction

The purpose of this paper is to clarify Matsuya's innovation and follow-up strategies. It is Matsuya, a Japanese department store that opened in 1869 (Meiji 2). It is said that Mitsukoshi, which was founded in 1673 (Enpo 1), was the first department store in Japan. All of them are companies that converted their business format from a gofukuten to a department store, and they also have in common that they have survived in the market for a long time.

We will overview the major existing research. Jinno (1994) mentions hobbies, focusing on Mitsukoshi. Hatsuda (1993) considers other department stores, including Hankyu Department Store, which is a railway-affiliated department store, while focusing on Mitsukoshi. Igata and Takesue (2020) analyzed Takashimaya's management strategy from the perspective of multitude of businesses. Takesue and Igata (2021) also focused on Mitsukoshi, and in the process of comparison, Matsuzakaya and Takashimaya were taken up. It is the accumulation of, historical research on department stores, the mechanism of formation process of department stores in Japan has been clarified. Despite this accumulation of research, Matsuya was a member of the Gofukukai (name changed to the Japan Department Stores Association in 1924), which was formed in August 1919, has never been much discussed. Matsuya is also making innovations in the process of forming department stores, and it is of great research significance to consider this point.

This article will therefore focus on Matsuya and examine the characteristics of the company's innovation and follow up strategy through its management and marketing aspects.

II Matsuya's "tradition" and "innovation"

As of February 2022 (Reiwa 4), Matsuya is managed under the direction of Masaki Akita, Representative Director, President and Chief Executive Officer of Matsuya Co., Ltd. business, mail-order business, manufacturing and processing related to these, import/export business, and wholesale business. It is a department store with sales of 59,461 million yen and 581 employees in 2021 (Reiwa 3). It is also a company that has continued to operate stably to the present[1].

Matsuya is made up of distribution groups, food industry group, environmental development group, supporting groups, academy[2].

There are SCANDEX CO., LTD., Ginza Inz Co., Ltd., and Matsuya Co., Ltd. as distribution groups. As a food industry group, there is A Table Matsuya Co., Ltd. There is CBK CO., LTD. as an environmental development group. There are supporting groups include Touei Co., Ltd., Matsuya Tomonokai Co., Ltd., and MG Merchandise Test Center Co., Ltd. As an academy, there is a school of Tokyo Fashion Institute. In this way, it can be understood that Matsuya is expanding into multiple businesses while running the department store business.

Among them, we will take up Tokyo Fashion Institute. Tokyo Fashion Institute was founded in 1913 (Taisho 2) as the Kimono Sewing Section of Matsuya Gofukuten. It renamed to a private youth school Matsuya Applied Sewing Girls' School in 1937 (Showa 12). In 1940 (Showa 15), it founded the Private Matsuya Youth School of Incorporated Foundation. It developed as the Shotoku Gakuen of Incorporated Foundation in 1941 (Showa 16)[3]. The board chairman is Takehiko Furuya, representative Director and Senior Managing Executive Officer of Matsuya Co., Ltd. The directors include Masaki Akita, Representative Director, President and Chief Executive Officer of Matsuya Co., Ltd.,

Naoki Yokozeki, Director and Managing Executive Officer of Matsuya Co., Ltd., Kazunori Morita, Director and Managing Executive Officer of Matsuya Co., Ltd., Akiko Kawai, Director and Senior Executive Officer of Matsuya Co., Ltd., Nobuyuki Ota, adviser of Matsuya Co., Ltd., and Yasunori Tatewaki, adviser of Matsuya Co., Ltd[4]. In this way, Matsuya's executives are listed. Also, every February, a fashion show is held at Matsuya. And at Matsuya, students can sales experience a department store for a day. On the homepage, "A prestigious school with a long history by Ginza's luxury department store "Matsuya" [5]. In this way, we can see the depth of collaboration between Matsuya and Tokyo Fashion Institute.

It is about the current strategy of Matsuya. These are issues of (1) to (4) that Matsuya recognizes. Here, we will take a look at three characteristic points.

Firstly, passing on the values of Japan to the future, and passing on the values of the towns of Ginza and Asakusa, Matsuya respects the traditions it has nurtured.

Secondly, it also advocates the enjoyment and joy of the present age that will lead to the future, the new value sought by people, and the creation of new technologies, ideas and services. It clearly describes the stance to bring about innovation. Thirdly, it also deals with sustainability, that is, contribution to a sustainable society.

Issues that Matsuya recognizes

(1)

・We would like to leave the value of Japan to the future.

・We would like to preserve the value of Ginza and Asakusa for future generations.

(2)

・We would like to contribute to a sustainable society.

(3)

・We would like to provide the fun and joy of the present age that leads to the future.

• We would like to create new value that people want.

(4)

• We would like to convey new technologies, ideas, services, etc. to our customers by supplementing them with Matsuya's credibility[6].

In response to these issues, Matsuya has presented the following four points as directions for solving them.

Direction of Matsuya's problem solving

(1)

• Relationships with production areas, craftsmen, and companies throughout Japan built over many years.

• Strong ties with the areas of Ginza and Asakusa

• Ability to judge and relationships of trust (ties)

• " Design" and "Fashion"

(2)

• The Role of Department Stores as a Public Entity of Society

• A sense of responsibility to contribute to the Society

• smart aesthetics

(3)

• Hope customers enjoy

• The Spirit of Pursuing Customer Satisfaction (Hospitality)

• Spirit of challenge and creativity

• Pursuit of authenticity

(4)

• Safety and security built as a department store

• Reliability as a long established store in Ginza

• Spirit of challenge and creativity[7]

Here, firstly, it place importance on the relationships with business partners that it have built over many years, and on the trustworthiness of a long established company. Secondly, it also advocates innovation, the spirit of challenge and creation. In other words, it incorporates both "traditional" and "innovative" elements. I also pay attention to the role of society in department stores. In addition, it emphasizes ties with regions such as Ginza and Asakusa, and also supports SDGs. In March 2022, a Sustainability Committee was organized. Also in March 2022, it acquired Eco Mark certification, Matsuya is committed to "providing eco friendly products and packaging," "eco friendly activities with customers," "reducing waste," "saving energy and water," "transporting efficiently," and "eco-friendly store operations." [8], and taking initiatives that are sustainable. Since 2008, Matsuya have been making donations to the international "NGO Room to Read". That will reach a total donation of more than 15 million yen by fiscal 2020[9].

With the slogan "Children's education changes the world", it sets the goal of providing 40 million children with educational opportunities by 2025.

We will take a look at the key strategies of Mitsukoshi Nihonbashi[10]. There, it says, "Build a store with the strengths of 'tradition, culture and arts, lifestyle'," and the stance of emphasizing tradition is raised. On the other hand, it deals with IT such as data marketing, and supports with innovation. It therefore contains both tradition and innovation.

In this way, the following two points are common to all of the issues that Matsuya recognizes, the direction of Matsuya's problem solving, and Mitsukoshi's focused strategies. The first point is the characteristic of "fusion of tradition and innovation" that runs through Matsuya and Mitsukoshi. The second point is the SDGS initiative to pursue social needs. In other words, Matsuya and Mitsukoshi have incorporated the two perspectives of "tradition" and "innovation" into their strategies, and they are also proactively engage in SDGs. This is presumed to be one of the reasons why the long-term existence has been unwavering over time.

Matsuya was founded in 1869 (Meiji 2) by Tokubei Furuya as Tsuruya Gofukuten in Ishikawaguchi, Yokohama, Kuraki District,

Musashi Province. Prior to that, the former Matsuya is said to have de-parted from a gofukuten in 1776 (Anei 5). In January 1890 (Meiji 23), the Imagawabashi Matsuya Gofukuten opened in Kajicho, Kanda-ku, Tokyo.

After opening the gofukuten, he focused on education on the sekisai method. There was training certificate in this education. Because gofuku requires a discerning eye when selecting products, it was necessary to know about the manufacturing process. This led to the opening of the Kimono Sewing Section of Matsuya Gofukuten in April 1913 (Taisho 2). It was commonly known as the Processing section, and was established in Minami-Norimono-cho, Kanda-ku. The person responsible was Morijiro Imazawa, and the teachers were Yoshitaka Kaneko, Kiyoetsu Komiyama, Mitsuaki Kamiya, Kiyo Higuchi, and Fumi Nagoshi. As a re-sult, the Kimono Sewing Section of Matsuya Gofukuten was able to handle about one-third of the custom orders, demonstrating the educa-tional achievements. This Kimono Sewing Section of Matsuya Gofukuten will develop into the current Tokyo Fashion Institute.

Matsuya Tsuruya Gofukuten Co., Ltd., it was established with a capi-tal of 1 million yen in March 1919 (Taisho 8). Tokubei Furuya(second generation) was appointed president. Sohachi Furuya, Daikichi Furuya, Hikoichi Naito, and Shinemon Nakayama were appointed as directors, and Harujiro Koike and Kinnosuke Kamiya were appointed as auditors. We will take a look at Article 2 of the" Articles of Incorporation of Matsuya Tsuruya Gofukuten Co., Ltd.". It states, "Our company aims to engage in the display and sale of goods, and related manufacturing and processing," [11]. It is clearly laid out the direction of transforming from a gofukuten into a department store.

Ⅲ Matsuya's innovation

There are two things that are attracting attention as Matsuya's inno-
vations. These are (1) investment in store buildings,(2) discount sales
such as bargain days. We will look at these next.

Ⅲ − 1 Investment in store buildings

In November 1907 (Meiji 40), a large-scale investment was made in
Western-style building of three-stories. This building was designed by
Minoru Kouda, an bachelor engineer, and has a total floor area of 284
tsubo. This is Matsuya's innovation ahead of its competitors.

The layout of the sales floor is as shown below.

rooftop

amusement house

(There is an observatory and seats.)

attic

Warehouse

3rd floor

Display of art reference items, Yosegire mikire tanmonorui, customer
dining room (from 1908, as a 50 sen uniform sales section, Japanese
and Western sundry goods, karamono cosmetics, daily necessities tools,
lacquer ware, gata, umbrella, toy, western sweets, etc.)

2nd floor

luxury gofuku (silk, orimono all new patterns fashionables), ball gown
mitate room (Here, the colors and patterns of the costumes used at
night are shown.), Western-style lounge

1st floor

cotton futomono kasuri, clothing miscellaneous goods Western fabrics,
sundry goods, purchased items and brought items[12]

(from 1908, Western umbrellas and cosmetics)

Due to the effect of this Western style building, the company's sales increased from 372,000 yen in 1907 (Meiji 40) to 817,000 yen in 1908 (Meiji 41)[13]. As if in response to this, the number of employees doubled from 50 in 1907 (Meiji 40) to 105 in 1908 (Meiji 41)[14].

In April 1908 (Meiji 41), Mitsukoshi constructed a temporary three-story wooden Renaissance style building. In March 1910 (Meiji 43), Matsuzakaya constructed a three-story Renaissance style building. Even in comparison with that, it is understandable that Matsuya was ahead of the curve regarding buildings. Since Matsuya is ahead of Mitsukoshi, it can be confirmed that department stores in neighboring urban areas have influenced each other. However, Matsuya was not ahead of large scale store. Large scale stores also existed in "Kankouba", which were located in bustling areas and dealt with various products. However, the Matsuya building was different in that it was a luxurious space. Buildings have a great influence on the formation of consumer images, and Matsuya's customers are thought to have come to the store because of the incentive to "enjoy the luxurious atmosphere."

In May 1925 (Taisho 14), Matsuya opened the Ginza store in 3-chome, Ginza, Kyobashi-ku, Tokyo, invested on a large scale. The hall in the Ginza store has an open atrium up to the 8th floor, the stained glass on the ceiling is a rosary, and the pillars of the hall are decorated with mosaic patterns (Postcard 1). At that time, it was a "special space". Particular attention was paid to the first floor, with the floor paved with marble in a checkered pattern, and the hall decorated on all sides with a Saracen-style plaster pattern, further enhancing the quality of the building. The dining room on the 6th floor is cafeteria style, and the dishes on the menu are displayed in sample cases. This is an initiative that precedes other department stores(gofukuten). By adding luxury and enjoyment to the interior of the department store, it have brought about an effect that makes customers want to wander around. In other words, the Matsuya Ginza store was not simply aimed at expanding the store and sales floor area quantitatively.

Postcard 1   Appearance and Interior of the Building at Matsuya

In May 1925 (Taisho 14), the Matsuya Ginza store also abolished the shoes keeping system. It states," The new department stores that opened after the Great Kanto Earthquake were able to deal with the mass customers. The shoes keeping system, which was a hindrance to popularization······The shoes keeping system was completely abolished at the department store after the new construction. It promoted popularization. (Omitted)" (15). It led to the popularization of department stores.

III − 2   Discount sales strategies including bargain day

In general, high-class Western style buildings tended to be avoided by mass customers at that time. Therefore, the strategy that Matsuya came up with in order to attract masses is the discount sales strategy. On March 15, 1908 (Meiji 41), the first bargain day was held at the Imagawabashi Matsuya Gofukuten. It was held for three days in partner ship with Niroku Shimbun. According to "Tokyo Asahi Shimbun", it said that, "Unprecedented Bargain Day (big bargain) in Japan" (16), a bargain day is a big bargain. This has attracted attention as the first initiative not only in the department store industry but also in Japan. At Matsuya's bargain day at the time, the following kimono items were assorted.

1. Onna maruobi

    weekday selling price 20 yen ; bargain day selling price 16 yen

1. Omeshi Chirimen

    weekday selling price 15 yen ; bargain day selling price 12 yen

1. Itoorirui

    weekday selling price 8 yen ; bargain day selling price 6.40 yen

1. Chichibu meisen

    weekday selling price 5 yen ; bargain day selling price 4 yen

1. Katagawa obijirui

    weekday selling price 5 yen ; bargain day selling price 4 yen[17]

The items of bargain day were not only kimono but also daily necessities as shown in Table 1. For Example Owarichohakubotan provide art haberdashery,yamasaki-teikokudo provide High grade makeup lotion, sasaki-syoten provide royal lotion, matsuzawa tunekichi provide musk perfume, Hosan Soap, chipuri lotion, Okano Clock Shop provide clock, Ring precious metals. In other words, it can be pointed out that the implementation of the bargain day has led to the expansion of the assorting of daily necessities, and that the expansion of the product lineup was realized through collaboration between Matsuya and each business partners. It was essential for expanding the range of products assorted through collaboration with business partners

Table 1　Business Partners and Assortment of Bargain Day in Matsuya

Owarichohakubunkan	Art Haberdashery
Yamasaki-Teikokudo	High-grade Makeup Lotion
Sasaki-Syoten	Royal Lotion
Matsuzawatunekichi	Musk Perfume, Hosan Soapchipuri Lotion
Inouetahei	Camel Masky Soap
Takahashihatsuzirho	Cherry Oil
Chikuma-Syoten	Keba Perfume
Yamagishiminosuke	Chiyoda White Powder, Chiyoda Perfume Oil
Sanodaiwado	Cyristal White Powder, Cyristal Soap
Dainippon Arts and Crafts Co.,Ltd.	Any Artwork
Okano Clock Shop	Clock, Ring Precious Metals
Tokoen	Rose Toothpaste
Yasuiizutsudo	Zojirushi Toothpaste, Beuchee Oil
Wakitaseisindo	New Kao White Powder, Pasta Soap
Amanoisogoro	Uzura Soap
Yamamoto Gyokusendo	Pressed Washing Powder
Kobayashi Tomijiro	Lion Toothpaste
Hirao Sanpei	Diamond Toothpaste
Takei Ryuuzo	Tramsk Soap
Kuwabara Kao-do	Flourwhite Powder, Flower Water
Asai Branch	Crane Soap
Ishimoto Head Office	Various Types of Knitting

(Source) Prepared from Edited by the Company History Editorial Committee (1969), pp.119-120.

In response to the favorable reputation of this bargain day, one month later, in April 1908 (Meiji 41), according to the "Tokyo Asahi Shimbun", it is said that "Hurry up! Don't be late. the 2nd bargain day (20% bargain sale day) April 15th, 16th, and 17th : 3 days" [18], it can be understood that the second bargain day was held at 20% discount (newspaper ad 1).

230

Newspaper ad 1   2nd Bargain Day

(Source) "Tokyo Asahi Shimbun" Date of April 14, 1908.

Furthermore, in response to the favorable reputation of these repeated bargain days, in April 1908 (Meiji 41), the Imagawabashi Matsuya Gofukuten opened a 50 sen uniform sales section, and in May 1908, Kamenohashi Tsuruya Gofukuten has a 50 sen uniform sales section, and they are also focusing on uniform sales. According to Katsuji Kanamori's retrospective of Kanamori Shoten, a wholesaler that is not listed in Table 1, "(Omitted) I believe it was opened on April 1st in 1908, as a measure of improvement plan of 3rd floor, it was decided that Japan's first 50 sen uniform sale would be made. But Matsuya had no experience with miscellaneous goods and was the first to do so. I can't seem to find any products that fit the 50 sen. (Omitted)" [19]. In other words, it can be understood that uniform sales are a fairly revolutionary initiative, and that it was started on a consignment transactions.

We know they were very well received. The products covered at the time were toys, sundries, hair accessories, brooms, kitchen utensils, footwear, lacquerware, towels, sheeting, hats for children (students), accessories for women's kimono such as haneriobidome,etc, cosmetics, janome umbrellas, etc.[20]. It can be confirmed that uniform sales also promote the handling of various products. Well, Mitsukoshi held its first cotton day in November 1919 (Taisho 8), selling cotton textiles, sundries, dishes, food, etc. at low prices[21].

As a result, according to the "Tokyo Asahi Shimbun", it is said that, "the bargain sale section is about to open" [22], and the bargain division has been established and organized.

In addition, Matsuya offered a variety of discount sales methods. For example, there is a kurabarai sale. It was held at the kurabarai sale by Imagawabashi Matsuya in May 1911 (Meiji 44). It was also ahead of competing gofukuten in the kurabarai sale. According to the "Tokyo Asahi Shimbun", it is said that, " kurabarai sale 3 days on 10th 11th and 12th As every year, it will sell summer and winter gofuku items carried over at an exceptionally low price." [23]. It can be seen that kurabarai sale is a discounted sale of carry over items (newspaper ad 2). They held a big sale with coupons ahead of competing department stores (kimono shops) in June 1909 (Meiji 42). This is essentially a discount sale, in which coupons are collected and prizes are offered through a lottery. In April 1908 (Meiji 41), it was sold of 10,000 yen lucky bill. As for this, if customers collect lottery tickets, customers can get a gift certificates by lottery. In detail 1st prize 1,200 yen (100 yen per month 3 pieces) ; 2nd prize 1,000 yen (50 yen per month 5 pieces) ; 3rd prize 800 yen (20 yen per month 10 pieces) ; 4th prize 1,200 yen (10 yen per month 30 pieces) ; 5 th prize 1,000 yen (5 yen per month 50 pieces) ; 6th prize 4,800 yen (1 yen per month 1,200 pieces)[24]. There are also bargain sales. According to the "Tokyo Asahi Shimbun", it is said that, "From the 8th to the 14th, various items will be exchanged as a thank for the mid year gift. Bargain sale. The discounted items on the 8th and 9th are Omeshi, Sukiya, Akashi, Shirogasuri, Western Umbrellas" [25], The bargain sale is a discount sale for the mid year gift (newspaper ad 3).

Newspaper ad 2 Kurabarai Sale

(Source) "Tokyo Asahi Shimbun" Date of May 9, 1914.

Newspaper ad 3 Bargain Sales

(Source) "Tokyo Asahi Shimbun" Date of July 8,1912.

As we have considered above, those are Matsuya's innovations demon-strated in the construction of a Western style building in November 1907 (Meiji 40), and the bargain day held in March 1908 (Meiji 41). In other words, the bargain day was held in the form of Western style architecture slightly ahead of the others. While enhancing the sense of luxury with the Western style architecture, it developed the opposite strategy of bargain day.

It would have been difficult to establish a luxury brand image if only the bargain day was launched. On the other hand, the luxury of a Western style building alone made new customers hesitate. However, by holding a bargain day shortly after the establishment of the Western style building, it facilitated the transition of wealthy customers acquired from the days of the gofukuten to the Western style building, and also promoted the development of new customers. By launching such a "exact opposite strategy" at about the same time, it led to the maintenance and expansion of the customer segment.

III—3 Linkage to large-scale demand such as weddings

It should be noted that this led to the introduction of high-priced items such as weddings. According to a newspaper ad4, it is informed that there will be a display of wedding preparations. This was not limited to brides' fittings, but also floor decorations and furnishings, creating a large scale demand.

Newspaper ad 4　Display of Wedding Preparations

(Source) "Tokyo Asahi Shimbun" Date of October 30, 1914.

Matsuya are focusing on the demand for weddings. It said that,
"(Omitted) Once the ceremonial dress is decided, it takes more than a
day to guide customer to another sales floor. It guide customer to a spe-
cific inn and have customer come again the next day. Of course it serve
lunch. When the purchase amount reaches 100 yen or more, the senior
clerk comes out to thank you respectfully. This, too, was practicing the
customs practiced by the first generation." [26]. It was also seen in the
sales floor.

We will take a look at the pamphlet "Preparation Guide for Weddings".
It is said that, " It is really not an easy thing to play with the wedding
ceremony ready. (Omitted) This year, we held a wedding ceremony
preparations and display of goods in the separate room of our store.
Every time we receive praise from our customers" [27]. In addition, we
will take a look at the estimate for wedding apparel and furnishings.
The total price for 13 loads is about 7,480 yen, 11 loads is about 5,010
yen, 9 loads is about 3,305 yen, 7 loads is about 1,825 yen, 5 loads is
1,215 yen, and 3 loads is about 699 yen[28]. We can understand that

there is a considerable difference in the amount of money depending on the package.

In the background of strengthening bargain day and discount sales, there was an intention to attract new customers through these methods and lead them to purchase wedding and celebration wear. Weddings, in particular, led to large scale purchases. By connecting the masses to weddings, they were able to create a large demand. Furthermore, this led to an expansion of the customer segment, which worked favorably for the management of the department store.

IV Matsuya's follow up strategies to Mitsukoshi

This is Matsuya's strategy, and in the process of creating department stores, it has adopted the follow up strategy of Mitsukoshi. Here, it is to compare Matsuya and Mitsukoshi's estimated sales and amount of gift certificates issued. According to the Tokyo Chamber of Commerce and Industry's "Five Major Department Store Annual Reports", that is the estimated sales of Mitsukoshi, 74,657 thousand yen in 1926 (Showa 1), 84,708 thousand yen in 1927 (Showa 2), and 92,677 thousand yen in 1928 (Showa 3). As for Matsuya, it was 29,550 thousand yen in 1926 (Showa 1), 30,813 thousand yen in 1927 (Showa 2), and 33,779 thousand yen in 1928 (Showa 3)[29]. From this, it can be confirmed that there is a gap of about three times when comparing the estimated sales of Mitsukoshi and Matsuya. Furthermore, looking at the estimated value of gift certificates issued in 1928 (Showa 3), that is Mitsukoshi's 12,366 thousand yen, while Matsuya's 3,158 thousand yen, nearly three times the difference[30].

In this section, we will consider Matsuya's midsummer gift (so-called Ochugen) and year end gift (so-called Oseibo) from among follow-up strategies to Mitsukoshi.

Mitsukoshi's midyear gift is shown in newspaper ad5. It can be pointed out that at the beginning, it started from mid year gifts with gofuku. Similarly, Matsuya is seen in newspaper ad5. It can be seen that gofuku was placed at the center of year end gifts.

Newspaper ad 5 Mid-year Gifts and Year-end Gifts of Matsuya and Mitsukoshi

(Source) "Tokyo Asahi Shimbun" Date of July 1,1908. ;" Tokyo Asahi Shimbun" Date of December 1,1908.

We will take a look at the Matsuya pamphlet, "Seibo no Shiori" in December 1936 (Showa 11). There are listed products such as imported soap, towels, handkerchiefs, Western pottery, metal products, Japanese pottery, lacquerware, travel goods, bonsai ornaments, miscellaneous goods for gentlemen, shirts, socks, half-collars, furoshiki (wrapping cloth), gofuku, precious metals, shawls/gloves, footwear, bags, obijime, cosmetics, makeup tools, miscellaneous goods for women and children, stationery, school bags, toys, hagoita, sweets. We can see that it assorts a wide variety of products.

In particular, we will take a look at the following products About pencil, "Mitsubishi Pencil from 20 sen per dozen, Mitsubishi Colored Pencils 6 colors from 20 sen", About sweets, "Morinaga Sweets Chiuringen

(Chocolate) ¥2.00, Youth (Chocolate) ¥3.00, Taste (Choco-late) ¥8.00, Mi Choice (Biscuit) ¥1.00, Myself (Chocolate) ¥3.00, Gallop (Chocolate) ¥5.00, Nation (Biscuit) ¥2.00 , Assort (biscuits) ¥2.50" About Sake (Japanese rice wine), "Famous Sake Shiroshika (two bottles) 2.00 yen for one box, 4.00 yen for two boxes, 6.00 yen for three boxes"," Famous sake gold cup (two bottles) 2.00 yen for one box, 4.00 yen for two boxes, 6.00 yen for three boxes", About soy sauce" For gifts... Mogami Soy Sauce Kikkoman Yamasa Higeta (0.62 yen for 2 bottles, 2.30 yen for 8 cans, 4.60 yen for 16 barrels (same price for 3 types)" [31]. There are listed under the brand name of the producer. Of these Famous Sake Shiroshika and Famous Sake Gold Cup are as shown in picture1.

Picture 1 Matsuya's National Brand Products (Sake) and
Private Brand Products (Soap)

(Source) "Seibo no Shiori",Asakusa Matsuya, December 1936.

Also, about soap, we will look at Picture 1. If we look at Picture 1, we can see that "Matsuya's Soap" is written in large letters. In other words, this is a private brand product made by Matsuya. And it said that, "Matsuya Fountain Pen (from 1.00 yen)", "Matsuya special Nagasaki Castella with ball box from 0.70 yen", "Matsuya Drop from 0.80 yen" [32]. Matsuya were also dealing with private label products [33].

From these facts, it can be pointed out that the tendency to incorporate brands into the year end gift is also a feature of Matsuya. It said that "We would like to express our sincere gratitude for the special patronage you have given us. It's early and the end of the year has come again this year. It has been recommended for many years as Matsuya's products for gifts". We offer a wide variety of carefully selected products that will meet your expectations at the lowest prices. We would like to ask for your order regardless of the amount." [34]. It can also be pointed out that the advertising text for the year end gift is based on Mitsukoshi.

In this way, Matsuya also followed Mitsukoshi in the mid year gift and year end gifts. This contributed to the establishment and penetration of seasonal business practices such as mid-year gifts and year end gifts at other department stores. In addition, it can be said that the ritual style of the Bon Kure in Japanese society has been formed.

V To conclude

After the oil crisis in the early 1970s, Matsuya changed to the current two-store system, one in Ginza and the other in Asakusa. Local stores outside Tokyo were closed. Since then, it has the unique characteristic of being a "department store located only in Tokyo". In addition, many unique events (For example, "World Watch Expo" and "World Antique Watch Market" that have continued since the 1990s) that cannot be seen at other department stores, and events that are the forerunners of the cutting edge fashion of luxury brand have been planned. Although we were not able to consider that in this paper, it is not possible to think that these aspects are unrelated to the company's stable management factors.

As discussed in this paper, the urban department store style was established through the mutual influence of Mitsukoshi and Matsuya. And by influencing each other, it was produced by the urban living space with the characteristics of high-class culture. In addition, not only the two department stores, but also other department stores began to assort various products. However, instead of displaying products in a cluttered manner, each department store has decided to propose a high-class lifestyle uniquely.

Looking back on Matsuya's current strategy, it has pursued its own way by utilizing a combination of innovation and imitation(not limited to current Mitsukoshi Isetan). Moreover, Matsuya's unique spirit of respecting tradition and the unique spirit of innovation to department stores are include into it. It can be said that the traditional philosophy has been inherited generation to generation since the time of opening.

⟨Notes⟩

(1) The description of Matsuya is based on Matsuya Co., Ltd., "Corporate Information" (http://www2.matsuya.com/co/), viewed May 29, 2022 ; edited by the Company History Editorial Committee (1969).

(2) For the Matsuya Group covered in this paper, see Matsuya Co., Ltd., "Corporate Information" (http://www2.matsuya.com/co/), viewed July 2, 2022.

(3) Tokyo Fashion Institute, "Characteristics of our school" (https://tfi.ac.jp/school_guide/) viewed December 29, 2022).

(4) Tokyo Fashion Institute, "Characteristics of our school" (https://tfi.ac.jp/school_guide/) viewed December 29, 2022).

(5) Tokyo Fashion Institute, "Characteristics of our school" (https://tfi.ac.jp/school_guide/) viewed December 29, 2022).

(6) Matsuya Co., Ltd., "Corporate Information" (http://www2.matsuya.com/co/) viewed May 29, 2022.

(7) Matsuya Co., Ltd.," Corporate Information" (http://www2.matsuya.com/co/) viewed May 29, 2022.

(8) Matsuya Co., Ltd., "Corporate Information" (http://www2.matsuya.com/co/) viewed January 2, 2023.

(9) Regarding the international NGO "Room to Read", it is based on Matsuya Co., Ltd., "Corporate Information" (http://www2.matsuya.com/co/) viewed January 2, 2023.

(10) As for the key strategies of Mitsukoshi Nihonbashi, see Mitsukoshi Isetan Holdings, "Management Plan | IR/Investor Information" (https://www.imhds. co.jp/ja/ir/plan.html), viewed August 12, 2022.

(11) The Company History Editorial Committee (ed.) (1969), p.144.

(12) Created based on the Company History Editorial Committee (ed.) (1969), pp.104-105.

(13) The Company History Editorial Committee (ed.) (1969), p.97.

(14) The Company History Editorial Committee (ed.) (1969), p.97.

(15) The Company History Editorial Committee (ed.) (1969), p.186.

(16) "Tokyo Asahi Shimbun" date of March 16, 1908.

(17) The Company History Editorial Committee (ed.) (1969), p.119.

(18) "Tokyo Asahi Shimbun" date of April 14, 1908.

(19) Seki (ed.) (1935), pp.10-11.

(20) The Company History Editorial Committee (ed.) (1969), p.121.

(21) Mitsukoshi Headquarters (ed.) (2005), p.95.

(22) "Tokyo Asahi Shimbun" date of March 29, 1909.

(23) "Tokyo Asahi Shimbun" date of May 9, 1914.

(24) The Company History Editorial Committee (ed.) (1969), p.122.

(25) "Tokyo Asahi Shimbun" date of July 8, 1912.

(26) The Company History Editorial Committee (ed.) (1969), p.107.

(27) "Preparation Guide for Weddings" Matsuya Gofukuten.

(28) "Preparation Guide for Weddings" Matsuya Gofukuten.

(29) The Business History of the Japanese Retail Industry Editorial Committee (ed.) (1967), pp. 214-215.

(30) The Business History of the Japanese Retail Industry Editorial Committee

（ed.）（1967）, p.214.

(31)　"Seibo no Shiori", Asakusa Matsuya, December 1936.

(32)　"Seibo no Shiori", Asakusa Matsuya, December 1936.

(33)　For Mitsukoshi's private brand products, see Takesue and Igata （2021）, pp.68-74, pp.188-190.

(34)　"Seibo no Shiori", Asakusa Matsuya, December 1936.

〈References〉

Igata Koji （2022）, "The Role of Managers in the Mitsui Zaibatsu," *Journal of Osaka University of Economics*, Vol. 72, No. 5.

Igata Koji （2020）, "A Case Study of the Establishment of the Startup Swatch Group, which is characterized by 'agility and chain'," *Journal of Osaka University of Economics*, Vol. 71, No. 1.

Igata Koji （2020）, "A Study of the Formation Process of 'luxury Watch Brands' - A Case Study of Patek Flip", *Journal of Osaka University of Economics*, Vol. 70, No. 6.

Igata Koji(2011), *Corporate Governance and New Roles of Managers*, （Osaka University of Economics Research Series Book 74）, Kadokawa Gakugei Publishing.

Igata Koji and Takesue Naoko （2020）, "Takashimaya's Management Strategy" *Report Abstracts of the 94th Conference of the Japan Academy of Business Administration*, Japan Academy of Business Administration.

Kasuya Makoto （2019）, *Core Text Business History*, Shinseisha.

Kato Satoshi （2019）, *Department Stores in Prewar Japan*, Seibundo Publishing.

Komatsu Tetsuzo （ed.）（1933）, *Mitsukoshi,* Overview of Japanese Department Stores Vol.1.

Konishi Kazuhiko （2022）, "Business Models as Strategic Management" *Journal of the Kansai Association for Venture and Entrepreneur studies*, No. 14.

Kamino Yuki （1994）, *The Birth of a Hobby: A Taste Created by a Department Store*, Keiso Shobo.

The Company History Editorial Committee （ed.）（1969）, *Matsuya 100-Year History*, Matsuya.

Seki Sojiro (ed.) (1935), *Matsuya Development History*, Depast Publishing.

Takashimaya 150-Year History Editorial Committee (ed.) (1982), *Takashimaya 150-Year History*, Takashimaya.

Takesue Naoko and Igata Koji (2022), "Matsuya's Innovation and Imitation Strategy, " Practical Management Studies, No. 14.

Takesue Naoko, Igata Koji (2021), *Innovation and Governance of Mitsukoshi-Interface between Mitsui Zaibatsu and Mitsukoshi-*, Gogensha.

Takesue Naoko and Igata Koji (2021), "Mitsukoshi's Sales Promotion Strategy - Innovation and Information Transmission-,", *Practical Management Studies*, No. 13.

Takesue Naoko and Igata Koji(2021), "Business Innovation of Mitsui Gofukuten," *Report Abstracts of the 95th Conference of the Japan Academy of Business Administration*, Japan Academy of Business Administration.

Takesue Naoko (2014), *Distribution Innovation and Evolution of a Large-Scale gofukuten -Transitions in the Product Purchasing System at Mitsui Echigoya-*, Chikura Shobo.

Takesue Naoko (2011) , "Changing of Consumer Markets and Development of Japanese Transaction Practices - from Edo Era to the Present," Biennial Conference of Asian Consumer and Family Economics Association.

Takeda Haruto (2019), *Japanese Economic History*, Yuhikaku.

The Business History of the Japanese Retail Industry Editorial Committee (ed.) (1967), *Business History of the Japanese Retail Industry,* Kokaikeieishidokyokai.

Hatsuda Toru (1993), *The Birth of Department Stores-The Modern History of Department Stores and Kankouba that Directed the Urban Culture of the Meiji, Taisho, and Showa Periods-*, Sanseidosensho.

'Ayumi of Mitsukoshi' Editorial Committee (ed.) (1954), *Ayumi of Mitsukoshi,* Mitsukoshi Headquarters General Affairs Department.

Mitsui Bunko (ed.) (2015), *History of Mitsui as told by Historical Documents-From Echigoya to Mitsui Zaibatsu-*, Yoshikawa Kobunkan.

Mitsukoshi Headquarters (ed.) (2005), *100 Years of Mitsukoshi Co., Ltd. Records,* Mitsukoshi.

Matsuzakaya 100-Year History Editorial Committee (ed.) (2010), *Matsuzakaya 100-Year History*, Matsuzakaya.

Yui Tsunehiko (1963), "Pioneering Forms of Japanese Companies," *Business Review*, Vol. 10, No. 4.

参考文献

赤岡功・日置弘一郎編（2005）『経営戦略と組織間提携の構図』中央経済社。

赤岡功・日置弘一郎編（2005）『労務管理と人的資源管理の構図』中央経済社。

Acharya, V. V., Myers, S.C. and Rajan, R. G.（2011）The Internal Governance of Firms, *The Journal of Finance,* 66（3）：689-720.

蟻川靖浩・宮島英昭（2015）「銀行と企業の関係：歴史と展望」『組織科学』第49巻，第1号。

井形浩治（2011）『コーポレート・ガバナンスと経営者の新たな役割』（大阪経済大学研究叢書第74冊）角川学芸出版。

井形浩治（近刊）「三井財閥における経営者の役割」『大阪経大論集』第72巻，第5号。

井形浩治・武居奈緒子（2020）「高島屋の経営戦略」『日本経営学会第94回大会報告要旨集』日本経営学会。

池田正彬伝記刊行会編（1962）『池田正彬伝』慶應通信。

池田成彬・柳沢健（1949）『財界回顧』世界の日本社。

石川健次郎（1982）「転換期の諸方策」「財閥への道程」「三井コンツェルンの展開」，安岡重明編『日本財閥経営史　三井財閥』日本経済新聞社，所収）。

伊丹敬之（2000）『日本型コーポレートガバナンス：従業員主権企業の論理と改革』日本経済新聞社。

伊藤邦雄（2015）「経営の『質』高め低収益打破」『日本経済新聞』2015年4月1日付朝刊。

岩井克人（2003）『会社はこれからどうなるのか』平凡社。

岩田智（2007）『グローバル・イノベーションのマネジメント-日本企業の海外研究開発活動を中心として-』中央経済社。

William D. Wray（1984），*Mitsubishi and the N.Y.K., 1870-1914 : Business Strategy in the Japanese） Shipping Industry*, Harvard East Asian Monographs.

宇田川勝（1999）「財閥における専門経営者　中上川彦次郎と小平浪平」（法政大学産業情報センター・宇田川勝編『ケースブック日本の企業家活動』有斐閣，所収）。

宇田川勝・中村青志編（1999）『マテリアル日本経営史』有斐閣。

宇田川　勝（2006年6月24日）「明治日本の産業と社会__第8回　講演録」（法政大学イノベーション・マネジメント研究センター編「明治期財閥形成者の起業家精神」The Research Institute for Innovation Management, HOSEI UNIVERSITY WORKING PAPER SERIES, 第47号，2007年11月26日。

宇田川勝（2008）「池田成彬」（宇田川勝編『ケース・スタディー日本の企業家群像』文

246

眞堂，所収）。

梅崎恵司（2020）『百貨店・デパート興亡史』イースト新書。

江戸英雄（1986）『私の三井昭和史』東洋経済新報社。

岡崎哲二（1995）「日本におけるコーポレート・ガバナンスの発展」青木昌彦-ドナルド・ド-ア編『システムとしての日本企業』NTT出版。

岡崎哲二（2002）『経済史の教訓』ダイヤモンド社。

大滝精一，金井一頼，山田英夫，岩田智（2016）『経営戦略—論理性・創造性・社会性の追求—』第3版，有斐閣。

大塚将司（2007）『死に至る会社の病－ワンマン経営と企業統治』集英社新書。

岡田茂（1973）『創造する経営』実業之日本社。

岡田茂（1984）『なぜだ!!：いま三越岡田商法は生きている』徳間書店。

岡田茂（1997）「私の履歴書」（『日本経済新聞』1997年11月19日付朝刊。）

大西洋（2015）『三越伊勢丹 ブランド力の神髄』PHP新書。

大西洋（2016）『常に革新を生み続ける 三越伊勢丹の秘密』海竜社。

大西洋（2017）「裸の王様だったのか 三越伊勢丹HDを去った大西洋・前社長が激白」『日経ビジネス』2017年7月10日号。

小倉信次（1990）『戦前期三井銀行企業取引関係史の研究』泉文堂。

海道ノブチカ（2005）『ドイツの企業体制—ドイツのコーポレート・ガバナンス』森山書店。

海道ノブチカ・風間信隆編（2009）『コーポレート・ガバナンスと経営学—グローバリゼーション下の変化と多様性』ミネルヴァ書房。

賀川隆行（1985）『近世三井経営史の研究』吉川弘文館。

加護野忠男（2014）『経営はだれのものか：協働する株主による企業統治再生』日本経済新聞出版社。

加藤諭（2019）『戦前期日本における百貨店』清文堂出版。

「株式会社三越伊勢丹」（https://www.imhds.co.jp/ja/company/history_imhds.html）2021年8月20日。

株式会社三越伊勢丹ホールディングス（2020）「指名委員会等設置会社への移行について」（2020年3月25日）。

株式会社三越伊勢丹ホールディングス（2020）「コーポレートガバナンス・ガイドライン」（2020年11月11日）。

河村（1985）『解任：三越顧問弁護士の証言』講談社。

河村貢（1988）『社長の実権』商事法務研究会。

河村貢・河本一郎・近藤光男・中村稔・若杉敏明（1994）「（座談会）日本の会社のコーポレート・ガバナンス：現状と将来」『ジュリスト』（1050），6-33ページ。

粕谷誠（1998）「政商から財閥への脱皮 中上川彦次郎（三井銀行）」（伊丹敬之・加護

野忠男・宮本又郎・米倉誠一郎編　『ケースブック日本企業の経営行動④　企業家の群像と時代の息吹き』有斐閣，所収）。

粕谷誠（2002）『豪商の明治―三井家の家業再編過程の分析』名古屋大学出版会。

菊澤研宗（2019）『成功する日本企業には「共通の本質がある」―ダイナミック・ケイパビリティの経営学―』朝日新聞出版。

菊澤研宗（2016）『組織の経済学入門―』改訂版，有斐閣。

菊澤研宗編（2018）『ダイナミック・ケイパビリティの戦略経営論』中央経済社。

木山実（2009）『近代日本と三井物産―総合商社の起源』ミネルヴァ書房。

木山実（2017）「近代的商業経営の成立」（廣田誠他『日本商業史―商業・流通のプロセスをとらえる』有斐閣，所収）。

栂井義雄（1974）『三井物産会社の経営史的研究』東洋経済新報社。

Kevin Cooney (Feb. 17, 1974), "Mitsui", *The New York Times.*

小倉信次（1990）『戦前期三井銀行企業取引関係史の研究』泉文堂。

小堺昭三（1992）『企業決戦　三井三菱（上・下）』角川書店。

小松徹三編（1933）『三越』日本百貨店総覧第1巻，百貨店商報社。

小松徹三（1941）『大三越の歴史』日本百貨店調査所。

斎藤栄三郎（1973）『流通界の革命児―三越・岡田茂の人と思想―』読売新聞社。

齋藤憲監修（2007）『企業不祥事事典：ケーススタディ150』日外アソシエーツ。

作道洋太郎・三島康雄・安岡重明・井上洋一郎（1980）『日本経営史』ミネルヴァ書房。

柴垣和夫（1968）『三井・三菱の百年：日本資本主義と財閥』中央公論社。

下向井紀彦（2014）「三井越後屋による自他店比較に関する一考察―寛政年間を中心に―」『三井文庫論叢』第48号。

社史編集委員会編（1969）『松屋百年史』松屋。

生島淳（2002）「維新期大商家の改革者　三野村利左衛門」法政大学情報センター（宇田川勝編『ケース・スタディー　日本の企業家』文眞堂，所収）。

生島淳（2011）「江戸期大商家の新時代への対応―三野村利左衛門（三井）」（宇田川勝・生島淳編『企業家に学ぶ日本経営史―テーマとケースでとらえよう』有斐閣，所収）。

生島淳(2012)「百貨店創成期の改革者―日比翁助と2代小菅丹治―」『法政大学イノベーション・マネジメント研究センター』No.134。

George Lloyd (2021), How Tokyo's department stores got their big Start (https://japantoday.com/category/features/lifestyle/how-tokyo%E2%80%99s-department-stores-got-their-big-start). May 25. 2021.

神野由紀（1994）『趣味の誕生-百貨店がつくったテイスト-』勁草書房。

杉山和雄（1978）「池田成彬一転換期における財閥の改革者一」（森川英正・中村青志・前田和利・杉山和雄・石川健次郎『日本の企業家(3)昭和編』有斐閣，所収）。

鈴木安昭（1998）『百貨店のあゆみ』日本百貨店協会。

248

鈴木竜太・服部泰宏（2019）『組織行動 -- 組織の中の人間行動を探る』有斐閣。

SPLENDID21 NEWS（2021）「三越伊勢丹HD 財務分析指標」
（https://sp-21.com/column/recipe/）2021年6月15日。

そごう社長室弘報室編（1969）『株式会社そごう社史』そごう。

『ダイヤモンド・チェーンストア』2021年9月15日号。

高島屋150年史編纂委員会編（1982）『高島屋150年史』高島屋。

高島屋本店編（1941）『高島屋百年史』高島屋本店。

高島屋135年史編集委員会編（1968）『高島屋135年史』高島屋。

高任和夫（2010）『天下商人―大岡越前と三井一族』講談社。

武居奈緒子（2006）「江戸期呉服商の仕入変革―我が国における百貨店業態成立の史的
背景―」『流通研究』（日本商業学会）第8巻，第3号。

武居奈緒子（2008）「越後屋における仕入革新と商家の成長―買宿制度を中心として―」
『流通研究』（日本商業学会）第11巻第9号。

武居奈緒子（2010）「大規模小売商による新業態開発の歴史的展開―高島屋十銭ストア
の革新性―」高嶋克義・西村順二編所収『小売業革新』千倉書房。

Naoko Takesue (2011), "Changing of Consumer Markets and Development of
Japanese Transaction Practices - from Edo Era to the Present, "Biennial
Conference of Asian Consumer and Family Economics Association.

武居奈緒子（2014）『大規模呉服商の流通革新と進化―三井越後屋における商品仕入体
制の変遷―』千倉書房。

武居奈緒子（2015）『三井越後屋のビジネス・モデル―日本的取引慣行の競争力―』
幻冬舎メディアコンサルティング。

武居奈緒子（2017）「三井越後屋の買宿制度」（『三井文庫史料 私の一点』三井文庫論
叢50号別冊，所収）。

武居奈緒子（2017）『三井物産の組織デザイン―総合商社の国際競争力―』日本評論社。

武居奈緒子（2020）『消費行動』第3版，晃洋書房。

武居奈緒子・井形浩治（2021）「三越の販売促進戦略と―イノベーションと情報伝達―」
『実践経営学研究』第13号。

武居奈緒子・井形浩治（2021）『三井呉服店のビジネス・イノベーション』（『日本経営
学会第95回大会報告要旨集』日本経営学会，所収）。

武田晴人（1995）『財閥の時代 日本型企業の源流をさぐる』新曜社。

武田晴人（2019）『日本経済史』有斐閣。

田中一弘（2014）『「良心」から企業統治を考える：日本的経営の倫理』東洋経済新報社。

橘川武郎（1996）『日本の企業集団―財閥との連続と断絶』有斐閣。

橘川武郎（2002）「財閥のコンツェルン化とインフラストラクチャー機能」（石井寛治・
原朗・武田晴人編『日本経済史3 両大戦間期』東京大学出版会。

谷内正往（2014）『戦前大阪の鉄道とデパート―都市交通による沿線培養の研究』東方出版。

谷内正往・加藤諭（2018）『日本の百貨店史―地方，女子店員，高齢化』日本経済評論社。

玉城　肇（1976）『日本財閥史』社会思想社。

Chen, Yin Ying（2017）, "Mitsukoshi Department Store: a Missionary of Civilization, a Taste Cultivator & an Art Entrepreneur in the Early 20th Century", CCTP 802 - Art and Media Interfaced（https://blogs.commons.georgetown.edu/cctp802-spring2017）。

Chen, Kuang-Jung＝Hsu, Ya-Ling＝Chen, Mei-Liang（2007）, The Study of Chain Department Stores Service Quality in Taipei, *The Journal of Human Resource and Adult Learning,* Vol.3, Num.2, December 2007.

東京都編（1982）『東京市史稿』市街篇第73，東京都。

ドーア，ロナルド（2006）『誰のための会社にするか』岩波新書。

中井信彦（1966）「三井家の経営―使用人制度とその運営―」『社会経済史学』第31巻，第6号。

中田易直（1959）『三井高利』吉川弘文館。

中村利器太郎述，大橋富一郎編（1936）『私より見たる三越回顧録』日本百貨店通信社。

『日経ビジネス』2016年11月14日。

日経流通新聞編（1982）『ドキュメント社長解任』日本経済新聞社。

仁田道夫（2003）『変化のなかの雇用システム』東京大学出版会。

野口祐編（1968）『三井コンツェルン―経営と財務の総合分析』新評論。

野口祐編（1979）『日本の六大コンツェルン』新評論。

野瀬義雄（1990）『三井の三池鉱山経営略史』野瀬産業株式会社。

初田亨（1993）『百貨店の誕生―明治大正昭和の都市文化を演出した百貨店と勧工場の近代史―』三省堂選書。

林洋海（2013）『＜三越＞をつくったサムライ　日比翁助』現代書館。

廣田誠（2013）『日本の流通・サービス産業―歴史と現状―』大阪大学出版会。

廣田誠（2017）「新たな小売業態の発展と中小小売商」（廣田誠他『日本商業史―商業・流通の発展プロセスをとらえる』有斐閣，所収）。

藤岡里圭（2006）『百貨店の生成過程』有斐閣。

星野靖之助（1968）『三井百年』鹿島研究所出版会。

星野小次郎（1951）『日比翁助』宮越信一郎。

Mayer, C.（2013）Firm Commitment：*Why the Corporation Is Failing Us and How to Restore Trust in It, Oxford,* Oxford University Press.（宮島英昭監訳・清水真人/河西卓也訳（2014）『ファーム・コミットメント：信頼できる株式会社

をつくる』NTT出版）。

牧野喜郎他編（1963）『三越労連十年史』三越労働組合全国連合会。

松坂屋編（1964）『店史概要　新版』松坂屋。

松坂屋50年史編集委員会編（1960）『株式会社松坂屋50年史』松坂屋。

松坂屋百年史編集委員会編（2010）『松坂屋百年史』松坂屋。

松元宏（1979）『三井財閥の研究』吉川弘文館。

丸善編（1980）『丸善百年史 ── 日本近代のあゆみと共に ── 』上巻，丸善。

丸善編（1981）『丸善百年史』下巻，丸善。

水沢渓（1991）『買占め─三井財閥の陰謀』健友館。

三井銀行株式会社編・刊（1957）『三井銀行八十年史』。

三井銀行株式会社編・刊（1976）『三井銀行100年の歩み』。

三井文庫編（1974）『三井事業史』（資料編三）三井文庫。

三井文庫編（1977）『三井事業史』（資料編二）三井文庫。

三井文庫編（1980）『三井事業史』（本編第1巻）三井文庫。

三井文庫編（1994）『三井事業史』（第3巻）三井文庫。

三井文庫編（2015）『史料が語る三井のあゆみ─越後屋から三井財閥─』吉川弘文館。

「三井住友銀行」（2021）（https://www.smbc.co.jp/aboutus/profile/history.html）
　2021年8月20日。

三越編（1990）『株式会社三越85年の記録』三越。

三越劇場編（1999）『三越劇場七十年史』三越劇場。

「三越のあゆみ」編集委員会編（1954）『三越のあゆみ』三越本部総務部。

三越本社編（2005）『株式会社三越100年の記録』三越。

三野村清一郎（1969）『三野村利左衛門伝』三友新聞社。

宮澤節生（2007）「（シンポジウム）企業に関与する弁護士・公認会計士の役割と責任」
　『企業と法創造』第12号。

宮本又郎（1999）『日本の近代11企業家たちの挑戦』中央公論新社。

宮本又郎・粕谷誠（2009）『経営史・江戸の経験 ── 1600～1882 ── 』ミネルヴァ書房。

宮本光晴・林武榮（2009）「旧財閥のコーポレート・ガバナンス：同族家族と外部経営
　者はどのようにガバナンスされたか」『Economic Bulletin of Senshu University』
　第43巻，第3号。

森川英正（1980）『財閥の経営史的研究』東洋経済新報社。

山崎泰央（2011）「財閥の形成─中上川彦次郎（三井）」（宇田川勝・生島淳編『企業家
　に学ぶ日本経営史─テーマとケースでとらえよう』有斐閣，所収）。

安岡重明（1978）「中上川彦次郎」（安岡重明・長沢康昭・浅野俊光・三島康雄・宮本又
　郎『日本の企業家1）明治篇』有斐閣，所収）。

安岡重明（1979）『三井財閥史　近世・明治編』教育社。

安岡重明編（1982）『日本財閥経営史　三井財閥』日本経済新聞社。

安岡重明（1998a）『財閥形成史の研究〔増補版〕』ミネルヴァ書房。

安岡重明（1998b）『財閥経営の歴史的研究―所有と経営の国際比較』岩波書店。

安岡重明・千本暁子（1995）「雇用制度と労務管理」（安岡重明・天野雅敏編著『日本経営史 1 ・近世的 経営の展開』岩波書店, 所収）。

安川雄之助（1996）『三井物産筆頭常務　安川雄之助の生涯』東洋経済新報社。

山田雄久（2017）「商人と商業組織」（廣田誠他『日本商業史―商業・流通のプロセスをとらえる』有斐閣, 所収）。

山本武利（1999）「百貨店の広告戦略と新聞広告」（山本武利・西沢保編『百貨店の文化史-日本の消費革命-』世界思想社, 所収）。

由井常彦（1963）『わが国会社企業の先駆的諸形態』『経営論集』第10巻, 第 4 号。

吉村典久（2007）『日本の企業統治―神話と実態』NTT出版。

吉村典久（2008）『部長の経営学』ちくま新書。

吉村典久（2012）『会社を支配するのは誰か―日本の企業統治』講談社選言メチエ。

吉村典久（2014）「企業価値向上に資するコーポレートガバナンスとは：経営学の立場から」『旬刊商事法務』№.2029, 4 月 5 日号。

吉村典久（2016）「株式会社統治の多様な姿―株主, 従業員（組合）, 財団などが果たしてきた役割―」（『経営学論集第86集』千倉書房, 所収）。

吉村典久・堀口朋亨共稿（2013）「現代のドイツ企業における共同決定の研究に向けて」『経済理論』（第372号）。

R.Eells and C. Walton, (1974), *Conceptual Foundations of Business,* Richard D.Irwn, Home wood.

和田日出吉（1937）『三井コンツェルン讀本［日本コンツェルン全書(1)]』春秋社。

和田博文（2020）『三越誕生! 帝国のデパートと近代化の夢』筑摩選書。

【著者紹介】

武居　奈緒子（たけすえ　なおこ）
《略　歴》
　1965年　愛媛県松山市生まれ
　1993年　神戸大学大学院経営学研究科博士後期課程単位取得
《現　在》
　摂南大学経営学部教授　博士（商学）
　関西ベンチャー学会常任理事，関西ベンチャー学会マーケティングと企業家研究部会
　主査，実践経営学会理事
《主要業績》
　『大規模呉服商の流通革新と進化―三井越後屋における商品仕入体制の変遷―』
　千倉書房（2014年刊行）
　『三井越後屋のビジネス・モデル―日本的取引慣行の競争力―』幻冬舎メディア
　コンサルティング（2015年刊行）
　『三井物産の組織デザイン―総合商社の国際競争力―』日本評論社（2017年刊行）
《受賞歴》
　本書で，第54期（2021年度）実践経営学会学会賞受賞

井形　浩治（いがた　こうじ）
《略　歴》
　1961年　大阪府守口市生まれ
　1991年　同志社大学大学院商学研究科博士後期課程退学
《現　在》
　大阪経済大学経営学部教授
　実践経営学会元会長（2014年4月から2020年3月），実践経営学会常任理事
《主要業績》
　『コーポレートガバナンスと経営者の新たな役割』大阪経済大学研究叢書第74冊，
　角川学芸出版（2011年刊行）
《受賞歴》
　本書で，第54期（2021年度）実践経営学会学会賞受賞

三越のイノベーションとガバナンス
── 三井財閥と三越のインターフェイス ──

2021年12月28日　初版発行
2023年8月28日　第2版発行

著　者：武居 奈緒子・井形 浩治
発行者：長谷 雅春
発行所：株式会社 五絃舎
　　　〒173-0025　東京都板橋区熊野町46-7-402
　　　TEL・FAX：03-3957-5587
検印省略　Ⓒ　2023
組版：Office Five Strings
印刷・製本：モリモト印刷
Printed in Japan
ISBN978-4-86434-174-5